瑞士‧慢養生活

快樂瑞士人的身體保健、心理健康與飲食日常

緹琪(陳雅婷)——著

WITZERLAND

▎推薦

Frau Yating Stutz hat es geschafft, in Ihrem Buch die Seele der Schweiz und dessen Bewohner sehr treffend darzustellen. Sie hat den Lebensstil und das Wesen der Schweizer sehr gut beobachtet und treffen wiedergegeben. Das Buch ist spannend zu lesen und ermuntert Sie hoffentlich dazu, auch einmal einen Besuch bei uns in der schönen Schweiz zu machen.

Maximilian Walter

Gemeindepräsident Regensdorf

雅婷·斯圖茲女士成功地把瑞士的風俗民情凝聚成書中的篇章。她透過細膩的觀察和流暢的文筆體現瑞士的慢養生活。希望這本精采有趣的著作能引發您拜訪世界公園的興趣。

Maximilian Walter

瑞士雷根斯多夫市長

推薦序。
蘊藏在細節裡的雋永與美好。

文／谷瑞生（中華民國駐瑞士代表）

　　因為工作的關係，今年四月底從德國調任到瑞士，離開柏林前，餞行的德國友人紛紛表示，瑞士很美，但是瑞士人很保守。讓人驚訝的是，向來墨守成規的德國人怎會有此想法呢？瑞士人的健康、快樂與幸福密碼是什麼呢？只要細細品味這本書，便能在字裡行間找到珍貴的答案。作者以簡潔、生動、內斂式的幽默之筆觸，敏銳的觀察力，佐以完備詳盡的有用資訊，兼具理性與感性，深入淺出、鉅細靡遺的介紹瑞士人從中古世紀以來代代相傳的觀念與身體力行的核心價值，而這些心理健康與膳食健康的思維看似簡單卻蘊含高度智慧的生活信條與處世哲理，也是瑞士人創造接近滿分的快樂指數之生活祕訣。

瑞士人的快樂很簡單，熱愛運動、親近並守護大自然、注重智能開發與心靈養生、推崇充滿正義感的健康飲食，在堅持傳統中用科學視角建構簡單樸素的社會風格與生活態度，擁抱愛，相信愛，去除雜念，用強大的執行力去實踐達成目標所需的繁文縟節。在時代進步，電腦科技疾速發展的潮流中，瑞士在成為最富裕，全球人最嚮往的國度之一的道路上沒有迷失方向，也沒有停下腳步，對於傳統文化價值的呵護與再進化，並不是保守，而是由內而外，純淨扎實且恆久不變，蘊藏在細節裡的雋永與美好。

　　瑞士首都伯恩 (Bern) 沒有現代化市容，沒有華麗街道，但有湖光山色，童話般的繽紛畫面，它亦是聯合國教科文組織 (UNSECO) 核定的世界遺產，12 萬人口僅百分之三的失業率，尤其是每年夏季人們在其市中心宛若天然游泳池的阿勒河 (Aare) 順河游下或泛舟而下，從他們的臉上與舉手投足之間露出的幸福感與滿足感，不禁讓人思及，這樣的城市世界有幾？雖然統計不易，但可以肯定的是，這樣的城市在瑞士非常多。

　　在全國只有七位部長，總統每年換人做的簡單制度設計下，瑞士能成為世界一等國家，其深厚文化底蘊與人民素質，應是最主要原因。台灣在瑞士知名產品除三Ｃ用品外，瑞士最高檔的腳踏車全數在台灣製造；瑞士使用健檢儀器係由台灣公司在瑞士生產；瑞士人瘋行食療，在台灣是代代相傳生活小常識；瑞士流行素食，台北早已是亞洲素食重鎮。看看瑞士，想想台灣，台灣是否可成為亞洲的瑞士？個人覺得一定可行，只是如何做的問題。

謝謝作者將瑞士做了如此深層介紹，台灣不能只從台北看天下，台灣需要國際連結，本書就是台灣與瑞士間最好的橋樑，讓更多國人瞭解瑞士不是只有鐘錶、珠寶與製藥，瑞士擁有非常多我們的祖先曾留給我們的智慧與傳承。讓我們珍惜那些智慧與傳承，共同努力形塑台灣成為亞洲的瑞士。

序。

　　瑞士年年都是世界上最快樂國家排行榜的優等生，小國不只有
乳酪、巧克力、名錶和阿爾卑斯山，同時也是出產人瑞的國度。依
據二〇一五年的經合組織 (OECD) 報告，這個歐洲最長壽國甚至超
越日本榮登全球平均最長命男性地區的榜首，然而這個現象並非出
自偶然，而是由多種因素集合而成的。比方說許多瑞士人視運動為
日常生活的一部分，注重工作與家庭的平衡，重視食物的品質等，
這些都是值得參考和仿效的良好習慣。

　　前年接受 TVBS 新聞台的採訪時，我根據在瑞士有機食品業的
工作經驗介紹小國人民的飲食觀念。可惜的是，由於時間緊湊最後
製播的節目無法完整呈現詳盡的敘述，當時在我的心中留下了小小
的遺憾。因緣際會之下，我開始著手撰寫養生書，便得以有條理地
與大家分享瑞士人的慢養生活。

除了預防保健和心靈健康的主題，我也把握機會陳述更多關於健康飲食的細節。尤其，「充滿正義感的飲食觀」涉及消費觀念。每種食物背後都隱藏著一個故事，當消費者的選擇不只關於個人感官、荷包和健康，而能進一步支持生態保育、環境保護、支持在地經濟、愛護動物、行善等公共議題時，何樂而不為呢？深切地希望，個人的淺見能夠鼓勵國人支持良心食品，進而杜絕黑心食品在市面上流竄。

　　身為瑞士媳婦，需要面對的課題不只是盡本分照顧家庭，尚有融入瑞士社會的義務。我認為自己無比幸運！移居小國以前，我曾在學生時代讀過關於瑞士的研究專文，工作時也接觸了許多瑞士的商務人士 (那時擔任歐洲線業務的我發現瑞士人最友善！)，而比我早嫁來瑞士的雙胞胎姊姊更是大方地與我分享她的觀察。精通德文幫助我與瑞士德語區人溝通無礙，保持密切的交流，同時我也透過大量閱讀深度探索瑞士的社會。除此之外，生活圈裡與我相互扶持的台灣好姊妹們也都是我的貴人。

　　這本書的經驗和觀點主要來自瑞士的主流地區 - 德語區。(德語區人口占瑞士總人口數的 64%、法語區 23% 和義大利語區 8%。) 書中的生活事例都是真實故事，而我與瑞士家人曾經討論的話題也收錄其中。我的夫婿、他的外婆和我的婆婆都是協助我融入當地社會的重要人物。年近百歲的外婆的人生猶如一本瑞士當代史，她引領我穿越時空瞭解小國的過去種種和社會變遷。我的婆婆則是一本生活百科全書，總是不厭其煩地向好奇的我解說日常的大小事，傳授我寶貴的知識與經驗。以上所述都是滋養我的養分，構成了完成這本書的條件。

當我在台灣工作時，三不五時得和組員分析報表與開會報告。當時我的頂頭上司楊經理常常劈頭評論：「不要開口閉口就是我感覺怎樣、怎樣⋯。要有數據客觀地佐證所觀察的現象，這樣才能把真相攤在陽光底下。」直到今日，這段話仍舊深深地影響著我。因此這本書不是空談感覺，而是以知識結合經驗談，希望透過確實的報導和數據佐證所聞，並留給讀者自行思考的空間。

另外，基於體恤讀者工作忙碌或課業繁重的考量，我盡量以輕鬆又有趣的方式暢談瑞士人的養生日常，期待得到你的會心一笑。順帶一提，本書的事例以瑞士發生的為主，若有資料不足之處則取其他德語或英語系國家的案例補足，畢竟他們的部分習俗同源且觀念相同。某些主題涉及專業的醫學領域，如果表達有不慎之處，懇請各界專家多多包涵和指教。在這裡也呼籲讀者，如果對某些特定主題感興趣，不妨閱讀國內外專家的著作做為參考。

這個世界因為多元文化和觀點而多面美麗，接觸和瞭解異文化能寬闊心胸並壯大心志。下筆時，我的心情是喜悅的，希望你能感受到這份心意，也喜歡我的分享！

目錄
∘ CONTENTS ∘

一、預防保健

熱愛運動。 016
親大自然運動盛行 016
老少都瘋的健身訓練 024

增強腦力。 029
生活化的填字遊戲與數獨 029
瑞士國粹，亞思紙牌 034

藏在瑞士森林裡的危險。 037
害人不淺的壁蝨 037
被通緝的怪獸級巨熊爪 043

生活保健常識。 048
抽自捲菸草比較健康？ 048
無鋁止汗劑 055
全民抗花粉症 059
都是月亮惹的禍 064
國民病，偏頭痛 068

其他生活小祕訣。 073

二、心理健康

心靈養生。 076

地表最不性感，但顧家的瑞士人 076

快樂是件很容易的事 082

遍地開花的替代醫學。 087

以毒攻毒的順勢療法 090

以槲寄生治癌的人智醫學 095

瑞士也有推拿整復療法 099

瑞士人也信服的中醫療法 104

歷史悠久聞名全球的健康水療 110

瑞士老奶奶的偏方。 118

抗喉嚨痛、支氣管炎、發燒、咳嗽、流鼻水 118

吃土等於吃補 123

阿爾卑斯山特產，土撥鼠油 125

寧可信其有，不可信其無。 128

瑞士外婆的聖水 128

說了大話，得敲木頭三次 131

黑貓帶惡運之說 133

打噴嚏後要說「健康」 135

長牙的嬰兒佩戴琥珀項鍊 137

目錄
∘ CONTENTS ∘

製造聲響驅趕壞東西　　　　　　　　　　　140

幸運象徵。　　　　　　　　　　　144
豬　　　　　　　　　　　144
毒蠅傘　　　　　　　　　　　147
幸運草　　　　　　　　　　　148
煙囪清掃工　　　　　　　　　　　150
瓢蟲　　　　　　　　　　　152
槲寄生　　　　　　　　　　　154
兔腳與狐狸尾巴　　　　　　　　　　　156
麵包與鹽　　　　　　　　　　　157
馬蹄鐵　　　　　　　　　　　159
棕櫚樹枝與冬青　　　　　　　　　　　161

三、健康飲食
熱衷食用當季食材。　　　　　　　　　　　166
令人趨之若鶩，熊用來清腸胃的熊蔥　　　　　　166
野草蒲公英居然可以上餐桌　　　　　　　　　　170
瑞士人是蘋果控　　　　　　　　　　　173
曾是豬食，當代流行的南瓜　　　　　　　　　176
窮人的麵包，栗子　　　　　　　　　　　179
充滿獵殺氣息的野味　　　　　　　　　　　183
吃對了養生，吃錯了要人命的野菇　　　　　187

秋冬大補帖，屠夫料理 191

帶有台灣滷味風味的冬季飲食 196

充滿正義感的飲食觀。 200

實踐愛瑞士的消費觀 200

良心作祟的食品選購標準 205

天然無食品添加劑 206

有機環保與公平交易 207

樂食快樂動物 212

健康餐飲大趨勢。 216

型男潮女吃素 216

吃了不再過敏的食物 221

學山頂洞人飲食。 228

低碳水化合物飲食法 228

山頂洞人飲食法 231

純淨飲食 233

超夯的超級食物 237

傳統食療。 243

對症下藥的草藥學 243

瑞士人也是吃苦顧膽肝 252

1

CHAPTER

預防保健

運動的好處多多,能促進新陳代謝,增強免疫力與強健骨骼,避免糖尿病與心血管等疾病。尤其,在大自然運動最為理想,因為陽光促進體內維生素 D 的形成,呼吸新鮮空氣能保養呼吸系統,接觸自然帶來身心靈的和諧,即使運動項目上百種,瑞士人便以「是否能在人自然裡進行」作為優先考量。

熱愛運動。
親大自然運動盛行。

　　你運動嗎？這幾年台灣流行騎單車與路跑等休閒運動。親朋好友不時在臉書曬上健身房、騎自行車或參加馬拉松的照片。甚至，印象中極少運動的友人，也紛紛加入這股潮流，像極了平日慵懶的北極海豹群，只要一隻先帶頭跳入海裡，大夥兒便成群扭著軀體一隻隻排隊躍身下去！這是個很好的開始。（註一）

　　依據二〇一五年台灣教育部體育署調查，十三歲以上保持運動習慣的國人占83%，而規律運動的人口有33.4%。（註二）依瑞士聯邦政府體育部 (Bundesamt für Sport BASPO) 二〇一四年的調查資料，歐洲諸國中瑞士居運動最盛行國家第二位，其中高達七成的十五歲至七十四歲瑞士人規律運動，比台灣高出將近兩倍。（註三）其實，一踏入瑞士國境便能感受小國人民熱血沸騰的運動魂。自行車

騎士和慢跑者穿梭於城市街道與鄉間小路,甚至還有跑者推著嬰兒車移動的奇景,這就是瑞士!

　　運動的好處多多,能促進新陳代謝,增強免疫力與強健骨骼,避免糖尿病與心血管等疾病。尤其,在大自然運動最為理想,因為陽光促進體內維生素 D 的形成,呼吸新鮮空氣能保養呼吸系統,接觸自然帶來身心靈的和諧,即使運動項目上百種,瑞士人便以「是否能在大自然裡進行」作為優先考量,其次依序為「健康」、「趣味」、「樂活」等條件。健行、騎單車、游泳與滑雪即是最完美的結合,同時也是瑞士四大國民運動。(註四)

　　一、健行　約 44.3% 的瑞士人從事健行活動。健行也是最受歡迎的瑞士國民運動。可以說,打從娘胎開始,瑞士人便同尚未見過面的父母開始健行了。

　　每每搭乘瑞士大眾運輸，不論火車或巴士，常見許多穿戴登山服飾和配備的旅客，準備前往某個健行路段活動。(註五) 瑞士是健行天堂，國內共有七萬一千四百公里長的公路，健行步道卻高達六萬五千公里長之譜。這些遍及各地的健行路徑、登山步道與阿爾卑斯山路線相連成密集網絡，如果瑞士鐵道是瑞士的心臟動脈，這些橫切縱走的健行步道則是布滿整個國土的微血管。(註六) 當中，某些健行路線涵蓋平均長二點三五公里的「生活健身步道 (Vita Parcours)」，全國總計約有五百條(註七)。路徑上豎立十五個健身指示牌與多種器材，以文字與圖片標示訓鍊方式，比如說做伸展操熱身、手吊鐵環以鍛鍊臂力、在木條上行走以訓鍊平衡感、快速上下踏踩木椿以增進靈活度等。(註八) 過去在蘇黎世居住時，我便時常步行至野鹿與啄木鳥棲息的甲蟲山 (Käferberg)，在生活健身步道上慢跑與健身。連現在住處附近的梅根森林 (Megger Wald) 也鋪設相同步道。在森林裡活動，聆聽蟲鳴鳥叫，呼吸新鮮空氣，觀察生態，總是非常愉悅的體驗。

　　瑞士網球明星費德勒 (Roger Federer) 也是健行愛好者，趁二〇一六年因傷休養期間踏上阿爾卑斯山山區的健行之路。他曾有感而發地感嘆：「雖然我想念美國公開賽，但我享受在瑞士阿爾卑斯山的美妙時光。」他登行過最知名的健行地區應屬阿彭策爾邦了，途中他在高原湖邊 (Seealpsee) 拍照並於緊鄰山壁建造的艾希山客棧 (Berggasthaus Äscher) 歇息用餐。這些照片被社群媒體瘋轉，等於替瑞士旅遊打了個響亮的廣告。（註九）怎能不跟隨他的腳步來瑞士健行呢？

二、騎單車　約 38.3% 的瑞士人養成騎單車的習慣。瑞士到處可見騎腳踏車上班上學的通勤者。就算颱風下雨也無法阻擋某些單車控的踩車欲望。如萊茵河瀑布傾瀉的大雨中，只有魚類感覺自在的爛天氣裡，我曾親眼見過生命力強大猛踩踏板的單車騎士。朋友 S 的公公算是業餘單車界的隱形冠軍，六十好幾的他，居住距離蘇黎世公司超過二十公里遠的紐恩霍夫鎮 (Neuenhof)。為了健身與節省車費，不論天氣好壞，他天天騎腳踏車上下班。腳力之強健，一趟路程一小時以內便可抵達。休假期間，不少車主拖曳著船艇或馬匹在公路上馳騁，裝載腳踏車的車輛更是常見。有些瑞士人不只在平地騎車，活動範圍還擴及山區。他們在各種難易度的健行路線與登山客爭道，也出沒於海拔兩千五百公尺以上的策馬特山區。但我時常為他們擔心，因為只要注意力分散，手一滑，跌個跤，連人帶車就直接栽進山谷裡了，就算向香火鼎盛的艾因西德倫 (Einsiedeln) 黑面聖母禱告也沒得救……。瑞士人如此固執地騎腳踏車，竟也騎出了世界冠軍，當代孕育不少頂尖的自行車車手，例如生涯裡贏得奧運自行車計時賽兩面金牌和一面公路賽銀牌的坎關拉瑞 (Fabian Cancellara)，以及目前為止奪得奧運山地自行車冠軍、亞軍和季軍獎牌各一面的舒爾特 (Nino Schurter) 皆是瑞士之光。（註十）

三、游泳　約 35.8% 的瑞士人保有游泳的習慣。瑞士四萬一千平方公里的國土面積中，將近 4% 被水覆蓋，因水質潔淨，多湖河的地形自成一座大型的游泳樂園。﹝註十一﹞多處水岸廣設公共泳池區、更衣室與公廁，方便民眾盡情地在湖河裡游泳玩樂。此外，公私營室內溫水游泳池也四處林立。多數瑞士人上小學前便學會了游泳，且高達八成的民眾自認為是游泳高手。不會游泳的瑞士人僅占 5% 極少數，跟家裡沒有瑞士刀的瑞士人一樣稀有罕見。﹝註十二﹞

根據問卷調查，瑞士人最喜歡游泳的地點居然是境內沒有的海邊！﹝註十三﹞人們總是嚮往得不到的東西，小國地處內陸不靠海，使得許多瑞士人眷戀海洋，好比台灣人看見雪景時心跳速度總會加快。當氣溫攀升至冰河開始融化，許多瑞士人便選擇飛往西班牙馬略卡島 (Mallorca) 和加那利群島 (Kanaren)、希臘的特里特島 (Kreta) 和科斯島 (Kos) 或義大利、葡萄牙等地的海邊度假。﹝註十四﹞

當瑞士人知道來自海島國家的我居然不會游泳，大都盡力隱藏可以夾死蒼蠅的扭曲表情。對他們而言，游泳不僅是健身運動，學校義務教育的一環，也是基本的求生技能。瑞士的湖泊和河流尤其多，若不小心跌進水裡該怎麼辦呢？出自這個原由，我的先生曾替我報名初級游泳課。當時學員大約有十來人，九名為外國人，只有一位瑞士人。當教練請我們一一發表學游泳的動機時，在場人士無不感受到這名瑞士中年男子的害羞呢。(還是羞愧？)

四、滑雪 大約 35.4% 的瑞士人規律地滑雪。冬季時，當平地灰暗陰冷，山上卻陽光普照。低矮的雲層把大地分隔成天堂與地獄，瑞士人為了追日，便追到天堂去，在山上度假，從事雪上運動，尤其喜愛滑雪。滑雪也是最受瑞士人歡迎的冬季運動。高知名度的滑雪場包含少女峰地區、俄羅斯富豪喜愛的聖莫里茲 (St. Moritz)、世界經濟論壇舉辦地達沃斯 (Davos)、轟合唱團的「去年聖誕 (Wham: Last Christmas)」音樂錄影帶拍攝地薩斯費 (Saas-Fee) 以及國際觀光小鎮策馬特 (Zermatt)。其中，瑞士策馬特於二〇一六年阿爾卑斯山滑雪地滿意度拔得頭籌。(註十五) 這座瓦萊州山城以能瞥見馬特洪峰 (Matterhorn) 的完美錐形而聞名世界，而且群山環抱獨立於世。夏季時，觀光客與電力小車魚貫穿梭於街道巷弄裡，市聲鼎沸與蘇黎世站前大道一樣熱鬧。冬季時，

遊客則多穿戴全套雪裝，手持滑雪板和滑雪杖，來往齒軌列車與纜車車站，於山間乘著風的翅膀順著低勢滑雪而下，快速地撇過壯麗的冰河，刷過凜冽的馬特洪峰，以為這裡不是人間。

整個冬天，在瑞士火車站不時可見跛腳拄著柺杖的年輕人。說也奇怪，又不是戰爭非常時期，何以到處都有斷腿的男子呢？（兩次世界大戰期間，歐洲常見斷腿斷臂的軍人。）原來，他們都在滑雪場發生了意外！每種運動皆有其風險，滑雪實屬危險運動，嚴重後果如車神舒馬赫陷入昏迷或者賠上性命……。

瑞士人藉由戶外運動鍛鍊身材和促進健康，但可能因此得付出運動傷害、被壁蝨叮咬和罹患皮膚癌等代價。世事無常，但是運動絕對帶給你積極的人生與美好的健康！（註十六）

註一 台灣舉辦馬拉松活動從 2011 年的 89 場，到 2012 年倍增到 168 場，2013 年有 282 場，而 2014 年更是高達 520 場。呂蓓君，" 全民瘋路跑密度全球第一商機衝 170 億 "，TVBS (16.03.2015)。2017 年瑞士全境路跑比賽約有 500 場。(www.swiss-running.ch)

註二 國人每 3 人中有 1 人為規律運動者，國情統計通報（第 88 號），行政院主計總處 105 年 5 月 13 日。

註三 Lamprecht, Markus & Fischer, Adrian & Stamm, Hanspeter, "Sport Schweiz 2014", Bundesamt für Sport BASPO (2014), p. 8. (www.baspo.admin.ch) 2014 年瑞士運動。

2014 年歐洲規律運動人口排行依次：瑞典 70%、瑞士 69%、丹麥 68%、芬蘭 66%、荷蘭 58%、盧森堡 54%、愛爾蘭 52%、斯洛維尼亞 51%、德國 48%、比利時 47%。

註四　同上，p. 15.

註五　瑞士人健行行前準備周密仔細：確認路線與查看天氣預報，攜帶地圖、登山杖、太陽眼鏡、防曬乳液、水壺、食物等。尤其，他們重視穿著合適的衣鞋，偏好能保護腳踝的登山鞋。

註六　Wandern Signalisation (www.wandern.ch) 健行標誌。

註七　ZURICH vitaparcours (www.zurichvitaparcours.ch/) 生活健身步道。

註八　Montalbetti, Michela, "Der grösste Fitness-Klub der Schweiz liegt im Wald", SWI (13.05.2011). 瑞士最大型的健身俱樂部位在森林裡。

註九　"Federer schickt Grüsse aus dem Appenzell", Blick (03.09.2016). 費德勒來自阿彭策爾的問候。

註十　Fabian Cancellara, wikipedia & Nino Schurter, wikipedia.

註十一　瑞士地理，維基百科。

註十二　"90 Prozent der Ausländer können nicht schwimmen", 20min. ch(01.07 2016). 90% 的外國人不會游泳。In welchem Alter haben Sie schwimmen gelernt? Coopzeitung (26.09.2016). 你幾歲學會游泳？40% 五至七歲、25% 八至十一歲、19% 幼稚園前、5% 不會游泳。

註十三　Wo schwimmen Sie am liebsten, Coopzeitung (14.07.2014). 你最喜歡在何處游泳。依序為 39% 海邊、21% 湖邊、4% 河邊、15% 游泳池 。

註十四　補充，根據海洋大學海洋事務與資源管理研究所 2010 年進行的調查，台灣民眾會游泳的比例為 44%。

註十五　Beliebteste Skigebiete Schweiz (www.bergfex.ch/schweiz/top10/) 瑞士最受歡迎的滑雪地。
Carolin, Schmid, Die besten Skigebiete der Alpen 2016 (10.11.2016) http://best-skiresorts.com/blog/die-besten-skigebiete-2016/　最受歡迎的阿爾卑斯山滑雪地。

註十六　Preuk, Monika, "Sport verlängert das Leben um sechs Jahre", Focus (15.05.2012). 運動可延長壽命六年。

▍老少都瘋的健身訓練。

先生的外婆出生於西元一九二〇年，經歷過兩次世界大戰，人生有如一本當代史。她與外公結婚時，全瑞士的教堂鐘聲大響，以為舉國為他們的婚禮慶祝，後來才得知，原來是第二次世界大戰結束了！今日年近百歲的外婆腦袋非常清楚，腳骨軟Q，還能自行上下樓梯。為什麼她的身子如此硬朗？除了無不良習慣以外，極可能與她每日晨起做的第一件事情有關──踩室內腳踏車。

不只我家老奶奶健身，每十位瑞士人就有兩位勤於健身，其中一位視它為主要運動項目，同時榮登全國最受歡迎運動類型的第六位。近十年以來，健身人口至少成長了 7.2%。(註一) 健身訓練跟一般的競技體育不大相同，乃泛指能促進健康與體能的休閒體育活動，例如有氧、耐力、重量、柔韌性、協調等訓練能幫助減重、加強肌力與美化身形、增進四肢協調，並積極延遲或減輕糖尿病、高血壓、心血管等疾病。(註二) 此外，不同於組隊進行的競技體育，健身運動可以單獨進行。上健身房好處多多，不僅可接受專業教練的指導，還能運用多種健身器材，協助有效達成訓練目標和自我期許（自己跟自己比）。另外，參與團體課程和觀看他人訓練皆能激勵必勝的決心。當然還有不能跟另一半說的，看帥哥美女的福利。

瑞士人的健身熱潮帶動健身俱樂部的蓬勃發展。依據健身與健康中心協會的數據，二〇一三年瑞士國內共約有七百五十家健身中心，幾年後的今天，爬升至九百多家以上。(註三) 其實，多家健康保險公司提供的費用補助，也間接助長了健身潮流。各家方案各異，

舉 Mutuel 公司為例，只要是 Global classic、Global flex、Global
solution 和 Bonus 的保戶，不限年齡，每年在瑞士境內任何一家健
身中心消費，收到發票證明後十五天內可退款一半的金額，上限為
瑞郎兩百塊（約台幣六千多塊）。（註四）我跟先生也是這家公司的客
戶，這項優惠專案鼓勵我們買一送一，至鎮上的健身中心報到。我
也三天兩頭往那裡跑，遇見健身房櫃台小弟的頻率，竟然比見到我
住同鎮的婆婆還要高。在瑞士什麼不多，就是帳單最多，對消費者
而言，任何補助或優惠都是千載難逢的機會。聰明的健康保險業者
先行投資保戶的健康，讓他們勤於運動，積極預防疾病，不然日後
三不五時跑醫院，保險公司得含淚買單保戶的高額醫療費。瑞士的

保險制度發展健全，提早預防優於事後治療，健身房補助專案為保險公司與保戶帶來雙贏的局面。

　　健身熱潮帶動健身器材、補給品、服飾與配件等商機，同時全國各地也舉辦大大小小的健身展覽。二○一六年十一月巴賽爾首辦號稱瑞士最大規模，占地超過兩萬五千平方公尺的大型健身展覽會 (Fitness Expo)。買票入場得以參觀超過八十個以上的攤位，觀摩最新開發的健身器材，學習最新的健身知識，參加現場的熱辣拉丁舞 (ZUMBA)、彈跳 (PowerJumping)、混合健身 (CrossFit)、電刺激訓練 (EMSTraining)、拳擊舞蹈 (Piloxing)、瑜伽等課程。除此之外，還能與各路的健身明星見面和合照，聽他們分享祕訣和經驗。最後，甚至得以與參展廠商、健身明星和其他來賓派對同歡。通常，單次進入健身房的費用約二十塊瑞郎，但展會單日票僅售二十九元（約新台幣一千塊），一整天泡展覽能學習新知、運動健身、參加分享會、玩派對，吃香喝辣，一票玩到底，實在太吸引人了。(註五)

　　這股健身熱潮持續於二○一七年延燒。全瑞士共有四十家連鎖店的 Active Fitness 聲稱，年初的健身人次比往年高。設有十四家健身店面的 Fitnessplus 表示，開工後三天會員訂購數創三年來新高。(註六) 此外，結合音樂酒吧的 John Reed 健身中心即將於瑞士展店。異於舊式健身房的暖調風格，新式改走暗黑路線，將燈光調至暗到不能再暗，日光燈 out 而吊燈 in，牆面畫滿酷炫塗鴉，設置皮沙發椅社交區，DJ 進駐播放潮樂，甚至也搬來大尊佛像坐鎮。(瑞士家飾店常販售讓亞洲人覺得頗為尷尬的佛頭或佛像，當地人卻認

為禪意很酷，可帶來祥和之氣。）面對新興的強勢競爭，現存健身房業者口口聲聲說有品質沒在怕，其實只是紙糊的信心吧。(註七)

　　根據近身觀察，在瑞士泡健身房的男士以小個子居多。雖然先天上他們沒有長腿優勢，但勤於健身後，他們的身材比例優化了，個個成了迷人的陽光小巨人。我也開始相信「天下沒有醜男人，只有懶男人。」認真培養健身嗜好的年輕人，與沉醉酒精或毒品的同儕相比，稱得上優秀青年。但自從社群媒體發展以來，某些沉迷點閱率與按讚數的自戀年輕人，一改過去只在冬天上健身房的習慣，現在卻得整年揮汗於健身訓練，以便不只於夏日演出海灘遊俠，還能隨時上傳自己滿意的腹肌、二頭肌、人魚線等照片。也有一群上了健身癮的男生喜歡挑戰只要五分鐘就會累得半死的混合健身，把自己高掛在單槓上盪來盪去，或者懸抬於天花板上靜止不動數分鐘之久，有時我還真無法相信自己的眼睛，以為看見馬戲團表演呢。其實，健身之路需要耐心，正確的重訓需靠經驗與體能慢慢累積重量。我有位毫無運動習慣的瑞士朋友，有天興沖沖地跑去健身房報到，一時興起挑戰了不可能的重量，使盡全力的那一刹那，他的肚臍眼兒突然有如爆米花蹦跳出來，連後悔的時間都來不及，就得馬上就醫處理了。另外時有耳聞，有些健身者為了快速「充氣」肌肉，使用了瑞士禁止買賣的合成代謝類固醇 (Anabolika)。幾年前法語區有位體能達顛峰狀況的年輕男子於服用禁藥後，突然發生胸部疼痛，心跳停止於二十三歲。(註八)

　　在瑞士的公共場所，極少見到坐著輪椅被推行的老人家，反而時常看見人瑞級的長輩獨自地、拄著枴杖、由另一半攙扶、或者以

輔助器支撐慢慢行走，展現再老也要自己動的志氣，也體現健身的
高度精神。健身不分年齡，不只是你的、我的，也是阿公和阿嬤的
事！

註一　　　Lamprecht, Markus & Fischer, Adrian & Stamm, Hanspeter, "Sport Schweiz 2014", Bundesamt für Sport BASPO (2014), p. 13. (www.baspo. admin.ch) 2014 瑞士運動。

註二　　　Fitnesstraining, wikipedia 健身訓練。

註三　　　Meili, Arno, "Fitness-Studios stemmen bald über 1 Milliarde", 20min. ch (09.01.2014). 健身房商機上看百億。Kneubühler, Ueli & Pfister, Franziska, "Coop und Migros im Fitnesswahn", NZZ am Sonntag (09.10.2016). Coop 與 Migros 投入健身熱。

註四　　　補助健身房費用的健康保險公司有 atupri、CONCORDIA、CSS、EGK、 Glarner Krankenversicherung、Groupe Mutuel、Helsana、Kolping、 ÖKK、PROVITA、rhenusana、sanitas、SLKK、sumiwalder、SWICA、 sympath、Visana 等。(www.sfgv.ch) 瑞士健身與健康中心聯盟。

註五　　　巴賽爾健身展覽會 (www.fitness-expo.ch)。

註六　　　Greiner, Vinzenz , "Gute Umsätze mit guten Vorsätzen", Blick (09.01.2017). 總營業額呈現好的開始。

註七　　　Staehelin, Konrad, "Das hat McFit in der Schweiz vor", Blick (07.03. 2017). Mcfit 的瑞士計畫。

註八　　　Pinto, Cyrill, "Die Strafen für Anabolika sind zu lasch! ", Blick (13.07.2014). 運動禁藥的處罰過鬆。

增強腦力。

生活化的填字遊戲與數獨。

　　先生的外婆即使已近百歲，卻擁有超強記憶力，甚至比她的女兒、比她的外孫還優。有天我跟婆婆聊到，大家在姊姊所著的「瑞士不簡單」書中，可見她在廚房的背影。年約七十歲的婆婆懊惱地說，她早已忘記何時被拍的。結果一旁的外婆開口敘述，那天我們本來先鎖定她來拍照，因為她不好意思而婉拒，所以把任務推給她的女兒，我的婆婆便成為影中人物。每當外婆講述過往的生活，發生了什麼事，說起話來有條有理，甚至可以清楚地點出年份，例如：一九三五年她在當時只賣鞋子的巴利 (Bally) 公司上班，一九四五年她和外公成婚。她的腦力與記憶力讓我們後輩自嘆弗如，說不定她背得起家中十七世紀以來祖宗十八代的族譜呢。

　　我跟先生才剛步入中年，便時常在家裡演出互相幫忙找手機、眼鏡和戒指的戲碼。我怎能不為未來擔憂呢？某天，我便心血來潮地請教外婆，她如何維持比擬年輕人的好腦力？她眼睛眨也不眨地秒回：「玩紙上填字遊戲與數獨幫助很大喔！」她所言屬實，每當我閱讀從婆婆接收的雜誌，只要翻至填字遊戲頁面，總會發現滿滿的字跡，這些全部都是外婆親自填寫的。另外有個小例子，好友 J 認識兩位退休的台灣阿婆，一位比較年輕，成天待在家裡看電視；另外一位比較年長，喜歡與人群接觸，甚至還進修學英文。只要見過兩位老人家的面，無不發現，常關在家給電視看的阿嬤，即使年紀較輕，語言表達能力已出現了障礙。怎能不警惕在心呢！

　　若要輕鬆解題數獨與填字遊戲，除了具備數學和解謎知識，尚需邏輯、耐心與專注力的輔助。所以，填字遊戲能訓練腦力，數獨能激活腦細胞，皆能運用到腦部極少使用的區塊。心理醫生專業學會主席摩勒博士 (Dr. Marlene Möller) 建議退休人士應當照護自己的精神狀況，持續保持社交生活，千萬別將自己軟禁。除了填字遊戲或數獨，也可以透過學習外文或樂器以保持腦部清晰。(註一) 依據拉什大學 (Rush University) 醫院中心研究，玩拼圖與填字遊戲能延緩老年癡呆症發作的時間。若想要有效地訓練腦力和改善思考力，在練習填字遊戲或數獨時應當總是全神貫注地專心解題。另外，依照內容程度，困難度也該隨之節節升高，讓大腦不斷地接受挑戰並獲得刺激。(註二)

　　也許大家以為，數獨始創於日本，其實最早起源為一○七○年瑞士數學家歐拉 (Leonhard Euler) 於巴賽爾發明的拉丁方陣

(Ein lateinisches Quadrat)。我們熟悉的數獨遊戲在瑞士首見於二〇〇五年六月初的每日新聞報 (Tagesanzeiger)（註三），而初見的猜謎遊戲為一九二五年三月五日瑞士畫報 (Schweizer Illustrierte Zeitung) 所刊登的題目。（註四）接近一世紀後的今日，瑞士的報章雜誌幾乎無不提供猜謎遊戲和數獨的，連電視台也時常播出猜題形式的常態性節目。即使無數據指出，到底有多少瑞士人規律地猜謎題，這些現象皆顯示瑞士人熱愛解謎。格爾哈特博士 (Dr. Urs Gerhard) 認為，即使填字遊戲僅連動腦部的一部分，卻是專家推薦的預防老年痴呆症之認知訓練之一。同時，他認為此類遊戲能獲得大眾共鳴主要在於，好奇心的驅使以及想贏的心態。人類天性愛贏，正確解題的愉悅帶來幸福激素，應該沒有其他活動能贏得如此多、如此頻繁了。（註五）

　　由於眾多瑞士讀者熱愛解題，猜謎遊戲也成了各家媒體招攬讀者的招數之一，幾乎所有紙上和線上媒體皆提供猜題服務以吸引關注。此外，解題後還能參加抽獎活動，答案正確者便有機會獲得旅遊、電子產品或高額獎金等獎品，等於大力鼓勵民眾參與。貼心的主辦單位甚至針對銀髮族準備自動樓梯升降梯、長輩專用手機等實用獎項。為了滿足解謎控的解題欲望，市場上便出現以設計題目為業的出謎題產業。這些專家或公司以數據庫為基礎，使用電腦產出源源不絕的題目，因此填字遊戲與數獨小冊以及線上題型得以快速又及時地出版。另外，書商還出版填字遊戲大辭典，網路上也有線上題庫提供答案，為絞盡腦汁卻苦於找不到解答的大眾解惑。瑞士外婆手邊即有一本翻到破爛如剛出土古物的解謎大辭典。這些年題目推陳出新，有時候她根本找不到答案呢。

　　既然小小解題動作能帶來成就感，解謎成痴的人士大有人在。某些瑞士報社透露，如果猜題題目出錯，批評指正的信件便馬上如雪片般飛來。每週出刊的瑞士 Migros Magazin 雜誌，曾出版內容大受好評的男生和女生特刊，讀者紛紛投書稱讚此集精采有趣，正評當中卻出現一條負評訊息。有位讀者抱怨，他將特刊從右邊翻也往左邊翻，怎麼翻就是找不到填字遊戲的頁面，才意識到特刊移除平時的猜謎版面，這點讓他非常不滿意。

　　退休人士玩填字遊戲與數獨能打發時間與訓練腦力，就算解題

上了癮似乎也無多大的壞處。但鄰國德國曾發生一起解題控犯下的驚世奇案。一位九十一歲老太太於紐倫堡新博物館觀賞藝術家亞瑟‧科博克 (Arthur Köpcke) 的「填字遊戲」藝術品時，一時著了魔，拿出原子筆，在好幾處空格填寫正解。解謎控阿婆的進擊毀了這件保險金額高達八萬歐元的作品。(註六)

註一　Krafttraining fürs Gehirn, Welt (21.12.2013) 腦力訓練。Zippel, Tino, "Vergesslichkeit: Kreuzworträtsel und Sudoku helfen, Hirn zu trainieren", OTZ (27.04.2013). 健忘：猜謎與數獨幫助腦部訓練。

註二　"Puzzles und Kreuzworträtsel verzögern Demenz Spätere Diagnose bedeutet allerdings auch rascheren Krankheitsverlauf", Priorliving (02.09.2010). "Klug trainieren", FOCUS Magazin Nr. 7 (2012). 拼圖與猜謎減緩日後癡呆症的發生。

註三　Raaflaub, Christian, "Sudoku erobert den Planeten", SWI (28.08.2005). 數獨占領星球。

註四　世界首次出現的文字十字拼圖出現於 1913 年 12 月 21 日的紐約世界報紙 (New York World)。
Freiermuth, Andrea, "Der Reiz des Rätsels", Migros Magazin Ausgabe 51 (16.12.2013). 猜題趣。47. 56. 65.74 = altes Schriftzeichen(舊文字)，答案為 Rune(符文)。

註五　Brêchet, Jeannette, "Rätsel lösen aktiviert das Gedächtnis und macht glücklich", Das Magazin von Spitex Basel und Spitex Riehen-Bettingen Bewegt 01/15 (01.2015), p. 5. 猜題啟動記憶並帶來快樂。

註六　"Kreuzworträtsel-Grosi geht in die Offensive", 20min.ch (04.08.2016). 解謎控阿婆的進擊。

▌瑞士國粹，亞思紙牌。

美國總統川普 (Donald Trump) 於就職演說強調「美國第一」。荷蘭人緊接製作「荷蘭第二」惡搞影片後，各國紛紛仿效創作諷刺短片。「瑞士第二」影片中便提及，美國有爵士音樂 (Jazz)，瑞士有亞思 (Jass)，且其中最好的牌就是川普牌 (Trumpf) 了。(註一)

亞思紙牌是普及於瑞士德語區、列支登斯坦、德國黑森林南部、法國亞爾薩斯、義大利波爾察諾等德語地區，以及瑞士法語與義語區等地的紙牌遊戲。亞思如多數紙牌源自東方。約十四世紀時，撒拉森人將它傳入歐洲後，於中歐地區被改造成地方性的紙牌形式。後來，瑞士傭兵把亞思帶回阿爾卑斯山的故鄉。亞思紙牌共有四種花色：玫瑰、鈴鐺、橡子和盾，每種花色各有九張紙牌：A、K、Q、J、10、9、8、7、6。遊戲規則有點類似台灣民間的大老二紙牌，但尚需加乘點數。(註二)

亞思紙牌是受瑞士大眾喜愛的桌上國民運動，受歡迎程度好比麻將在台灣的國粹地位，遊戲通常以四人為限，估計有三百萬瑞士人具此嗜好。(註三) 高齡化的瑞士社會裡，不時可見一群群長輩定期在地方餐廳碰面，圍坐、飲酒和玩亞思。無論夏季時節，大夥兒在陽台或戶外烤肉，暢飲啤酒時，或者冬季時分，在度假小木屋吃完起司火鍋，品味葡萄酒之際，玩亞思紙牌是親朋好友間稀鬆平常的娛樂。如果現實生活中的牌友難尋，還可坐在電腦前玩線上亞思遊戲。另外，瑞士各地也舉辦各種規模的亞思競賽，主辦單位為政黨、區公所或公司行號等等。連鎖超市 Volg 每年便舉辦參賽年齡十六歲以上，最大獎項價值兩千瑞郎的亞思大賽。此外，亞思紙牌也常被公司行號大量印製成宣傳品廣為贈送，例如瑞士農民合作社旗下的連鎖商店藍迪 (Landi) 提供免費的亞思紙牌。瑞士電視台 SRF 則製作多元綜藝型態的亞思秀 (Jass Show)，製作單位邀請來自不同領域的名人同桌玩亞思紙牌，民眾也可以報名參賽同歡。節目中也不免俗地出現聊天和歌舞秀的橋段，例如瑞士最知名的歌手 DJ Bobo 曾多次受邀參與。競賽地點除了蘇黎世 SRF 攝影棚以外，主持人也下鄉到全瑞士的地方餐廳與民眾搏感情，節目氣氛輕鬆，觀眾能夠放鬆心情，打發時間以外，還可以動一下大腦。(註四)

　　玩亞思需要好運加持拿好牌，也得臆測他人手裡的花色，動腦思考該如何出牌。一位優秀的亞思玩家知曉桌上還有哪些牌色。時不時，還得應用數學，數點數，加乘倍數⋯⋯。玩這個紙牌極需高層次的專注力和思考策略，因此也是專家公認的訓練腦力方式之一。瑞士葛拉芙醫師 (Dr. Andreas Graf) 表示，預防老年痴呆症的方法除了不抽菸、保護頭部、攝取均衡營養、運動和活絡社交生活以外，也包含訓練腦力。其中，腦力訓練涵蓋了樂器、語言、舞蹈等學習，尚有亞思紙牌等棋牌遊戲。(註五)

　　不同世代難有共同的興趣，如果瑞士年輕人想當乖孫孝敬阿公阿嬤，陪陪他們玩亞思紙牌，便能帶給老人家一整天的快活，就算沒吃藥也能忘記病痛。此外，亞思紙牌屬於瑞士，看到亞思就等於瑞士。玩亞思拉近人與人之間的距離，若外國人想跟瑞士人打成一片，學亞思、玩亞思，也是個好法子呢！

註一 Switzerland Second 影片 https://www.youtube.com/watch?v=reuJ8yVCgSM

註二 Jassen, wikipedia 亞思紙牌。

註三 Tabanyi, Nicole, "Mit Glück und Verstand", Schweizer Familie 33/2016 (18.08.2016), p. 48. 運氣與腦筋。

註四 Kilchspergers Jass-Show (http://www.srf.ch) 亞思秀。

註五 A. Graf, Arzt Ruswil, "Ursachen von Demenz", www.arzt-ruswil.ch (09.04.2016). 失智症的起因。

藏在瑞士森林裡的危險。
害人不淺的壁蝨。

　　在瑞士踏青，見到野外的大片綠草，滿滿的喜悅不禁油然而生，有股效仿海蒂在茵茵草原奔跑的衝動。每當這個念頭出現，雙腳也準備好了，我的先生便脫口一句：「小心壁蝨！(Achtung, Zecken!)」把我從白日夢中喚醒。一段時日後，我才驚覺它的嚴重性。

　　某日天氣晴，我和幾位鄰居在庭院裡烤肉聚餐，但是布魯諾卻遲遲沒有現身。他是好人緣的光頭先生，眼珠渾圓微凸，笑容真摯，聲音清亮，身材壯碩。他為人幾無負評，所以社區派對少了他真是可惜。當大家聊得正起勁時，布魯諾拖著沉重的步伐，從外頭緩慢地走向我們，他僵硬的神情勉強擠出打招呼夠用的笑容。原來，他被重感冒症狀折騰多天，卻久久不見好轉。探究原因，疑似戶外的壁蝨所為，他的屁股被打了好大一管針，病情才有所改善。坐在我左側的義大利裔鄰居莎莉娜便急著與大家分享，她的頭部曾被壁蝨叮咬，導致口齒不清與神智混亂，得馬上送急診的經驗。她生動地以食指往頭頂上搓，再搭配眼球上吊的瘋癲表情，那瞬間你也會以為自己也被叮到了。當下，我再也無法控制臉部抽動的肌肉，原來瑞士的美景背後藏有恐怖故事！

篦子硬蜱 (Gemeine Holzbock) 為瑞士最常見的壁蝨物種，而「傳染病」是壁蝨帶給人類的最大困擾，初夏腦膜炎 (Frühsommer-Meningoenzephalitis) 與萊姆病 (Lyme-Borreliose) 為主要帶原疾病。以東北與西南方向將瑞士橫切兩半，壁蝨疫區主要集中於上半部，萊姆病的危險區塊也涵蓋義語區。當溫度上升，壁蝨的活躍度也隨之增高，主要集中三月與十月之間。每年約有一萬名瑞士居民因壁蝨叮咬而被傳染萊姆病。(註一) 二〇一六年出現暖冬效應，壁蝨倍增繁殖，居然有兩萬兩千名瑞士居民遭叮咬就醫。(註二) 也許，二〇一七年的叮咬案例將打破紀錄。

初夏腦膜炎較為少見，僅 1% 瑞士壁蝨帶原此病。基本上，初夏腦膜炎病原生存於攝氏八度以上的環境，初夏時期便開始傳播，但不是每個螫咬案例都會發病。其中高達七至九成不會發作，有一至三成出現感冒徵狀，僅有一成演變成神經系統的危害，輕微者發生頭痛、畏光、頭暈、專心度下降與行走困難，嚴重者手臂、腿部與顏面神經麻痺，並可能導致永久性殘疾，當中 1% 因重症死亡。今日，抗初夏腦膜炎的治本方法尚未研發成功，僅能減緩發病症狀。

（註三）出自這項原由，瑞士專家紛紛建議，於壁蝨疫區活動的居民、林地工作者、森林活動者、採菇者、露營人等等，應接種注射數一共三次和效力為期十年的預防疫苗。（註四）而萊姆病的傳染案例較初夏腦膜炎頻繁，高上五百倍之多。多數案例出現輪廓鮮明的遊走性環狀紅斑的初期徵狀。多數病患常感到疲勞與倦怠，第二階段出現關節、神經系統、皮膚病或心臟問題。目前尚無抗萊姆病的預防疫苗，不幸的話，一生可能感染多次，而應付的方式為為期多週的抗生素治療。走到使用抗生素這一步，對瑞士人來說如沙漠中飲毒水解渴，實在迫不得已，卻是目前唯一有效的抗病方式。（註五）

疾　病	萊姆病	初夏腦膜炎
病　原	細菌：萊姆病螺旋體	病毒：初夏腦膜炎病毒
哪些壁蝨帶原	約 1/3 的壁蝨帶原	極少數。尤其瑞士最北部
哪些器官受損	皮膚、關節、肌肉、神經系統、心臟	神經系統
是否可預防注射	不可以	可以
是否可以抗生素治療	可以	不可以
生病後是否可免疫	不可	可（終生免疫）

　　自從了解壁蝨的禍害後，我對瑞士的大自然心存戒心，進入森林以後便提高警覺。大家應該很關心「壁蝨在哪裡？該如何預防呢？」壁蝨性喜濕熱，多生長於海拔一千五百公尺以下，常出沒於地面與八十公分高度之間。基本上，只要沿著常規登山步道行走，

避免學先人開路闢地，或在森林深處長時間坐臥便無大礙。值得注意的是，即使壁蝨與蜘蛛是近親卻不藏身於樹上，多半埋伏於低矮灌木的樹枝以及草叢的葉梢上，所以僅戴一頂帽子防護是不可行的。長褲、長袖上衣和密封的鞋襪才是最佳的保護穿著方式。市面上販售許多標榜防壁蝨的噴霧和乾粉產品，其實效果有限，因此千萬別過分仰賴其防護力。在戶外活動以後，應當檢查身體，查看是否有壁蝨附著於身上，尤其得仔細查看肚臍、腋窩、脖子、肩膀、膝蓋後方和耳朵後方等濕暖部位(註六)，一旦發現應當立即移除。但是，切勿以油類、膠劑、火種或壓揉的方式對付壁蝨，否則暴怒的寄生蟲將更加快速地傳播病原。最理想的去除方式是，持鑷子接近皮膚，將之夾緊並垂直拔除，不得旋轉 (一旦夾住，移除前不能放手)。如果不幸壁蝨頭部留在體內，也不用大驚小怪 (不會造成問題)。處理

後，馬上消毒穿刺傷口，之後可能僅產生正常的異物反應。即使如此，仍需記錄叮咬日期與保留壁蝨屍體，以便日後供醫師診療判斷。如果三週或者幾個月內甚至一年後出現紅疹、感冒、頭暈、關節和頭痛與噁心等徵狀，需就醫治療。（註七）

在瑞士，由於從事戶外活動的人數眾多，所以壁蝨叮咬不僅是動物，也是人類常見的問題。一般印象以為壁蝨只在野外蹦跳，其實牠們也生存於村落和城市裡。因為氣候變遷的影響，牠與宿主──紅狐狸遊走城鄉之間，時有所聞，民眾在公園、自家庭院或游泳池被壁蝨叮咬。此外，過去壁蝨叮咬僅集中於夏季和低於海拔一千公尺之處發生，現在連冬季以及海拔一千公尺與一千五百公尺之間的山地也淪陷。目前約三分之一的壁蝨帶原傳染病，估計二、三十年後，將有半數帶原，尤其伯恩湖地 (Berner Seeland) 或蘇黎世邦屬高危險疫區。（註八）

瑞士的壁蝨問題，猶如台灣的登革熱。正當台灣登革熱疫情年年加重，瑞士的壁蝨問題也越來越惡化。這些問題皆是地球暖化所引起的現象之一。力行環保也是預防埃及斑蚊與壁蝨的方法啊！

註一　Onmeda-Ärzteteam , "Borreliose (Lyme-Borreliose) ", Beobachter. 萊姆病。
　　　瑞士壁蝨危險區地圖 (www.zecken.ch/Karten/karten.html)。
註二　sda, " Fast 22'000 Personen wegen Zeckenbissen beim Arzt", NZZ (22.08.2016). 約 22,000 人因壁蝨叮咬就醫。

註三　　Onmeda-Ärzteteam , "FSME (Frühsommer-Meningoenzephalitis) ", Beobachter. 初夏腦膜炎 Frühsommer-Meningoenzephalitis, Bundesamt für Gesundheit (www.bag.admin.ch).

註四　　Impfung (www.zeckenliga.ch) 疫苗。通常冬天施打。Correale-Maccia, Carmela, "Zecken Krabbeltierchen mit Biss", Coopzeitung Nr. 20 (16.05.2017). 壁蝨，螫人的蟲子。

註五　　Borreliose (www.zeckenliga.ch) 萊姆病。Borreliose, Bundesamt für Gesundheit (www.bag.admin.ch).

註六　　同註五。

註七　　Prävention Vorbeugen ist besser als heilen (www.zeckenliga.ch) 預防勝於治療。

註八　　Müller, Stefan , "Immer mehr Zecken dringen in Dörfer und Städte vor", Aargauer Zeitung (28.04.2016). 越來越多壁蝨威脅村莊與城市。 Müller, Stefan, "Zecken im Vormarsch", Der Landbote (25.05.2016). 壁蝨的進擊。

▎被通緝的怪獸級巨熊爪。

瑞士聯邦政府正在追緝寬與高達三公尺，繁殖快速的巨大傘型生物。它們長駐森林或水邊靜待獵物自投羅網。一旦誤入圈套，它們便藉陽光施法烈火之術，造成獵物皮膚灼傷，引發大型水泡。嚴重者可能失明或者必須接受植皮手術。這個怪獸級的生物種叫做大豬草 (Riesen-Bärenklau)，德文直譯為巨熊爪。

大豬草是兩年至多年生的草本植物，生長速度驚人，僅需兩週即可長成三公尺高的巨草，整體狀似一把巨傘，最高更可達五公尺。它的葉片可長達一公尺，含葉柄三公尺，而布滿細毛與紅色斑點的厚實空心莖直徑可達十公分。最駭人的是，單株大豬草居然含有超過上萬顆種子。(註一) 大豬草的模樣令人感到不舒服，好似外星人旅遊地球時，遺留下來的外太空系植物種。而它是如何開始侵略瑞士的國土呢？其實，大豬草原生於距離歐洲遙遠的中亞高加索地區。拿破崙戰敗後，一八一五年俄國沙皇亞歷山大一世與其他歐洲外交官遠赴維也納開會，並贈送了梅特涅侯爵盛滿大豬草種子的孔雀石花瓶。他將奇花異草的種子帶回波希米亞夏宮栽種，同時打開了潘朵拉的盒子。種植成功的大豬草成為中歐世界最巨大的草本植物，獲得了無數植物學家的讚賞，因此種子如郵票般被大量交換，自奧地利散播至歐洲其他各國，不僅現身於德國文豪歌德的庭院，甚至在一八一七年被列為英國皇室植物園的栽培種，養大豬草成為歐洲園藝界的時尚尖端。大豬草的上萬顆種子，在土壤中的發芽期可長達七年。種子經由風 (通常方圓十公尺處，最遠一百公尺)、水 (在水中三天內仍可發芽）與動物（夾帶於剛毛與毛髮裡）等媒介傳播四處。尤其工業革命後，由於火車和汽車等交通工具無遠弗屆的傳播，約一八八四年大豬草首次在瑞士沃州的奧布爾 (Orbe, Waadt) 現蹤，爾後約一九一二年起強勢蔓延至整個瑞士境內，受影響的土地範圍從一九八〇年的十四平方公里擴大至二〇一五年的九百二十五平方公里，僅花費三十五年的時間，大豬草的占領面積擴張六十六倍之多。（註二）

　　大豬草多生長於森林、山坡、河流等潮濕地帶，也出現在道路邊緣。藉由長達六十公分的根得以在短時間內長成巨型尺寸，生長密度也很高。此外，其長達一公尺的巨葉遮蔽陽光，危害其他原生植物的生存空間，因此被瑞士政府通緝列為威脅本地種的外來植物。（註三）大家對「外來侵入種植物」這個名詞應該不陌生。在台灣比較知名的外來種乃水生漂浮植物「布袋蓮」。我的國中生物老師曾提過，池塘一旦出現一個布袋蓮，便會快速增生至布滿整座池塘。由於大量繁殖，布袋蓮與布袋蓮之間緊密貼合，使得陽光無法穿透水面，導致水中植物和魚類因缺氧死亡，嚴重影響水中生態。大豬草驚人的繁衍力和生命力堪比布袋蓮，但其威力還更勝一籌。大豬草的汁液含有光毒性化學物質 (phototoxische Furancumarine)，在太陽底下直接觸碰它或於事後曝曬，可引發嚴重皮膚炎症。依灼傷程度與發燒、盜汗和循環系統問題等副作用的情況，必要時務必緊急送醫。治療方式跟處理一般燒燙傷相同，冰敷和使用松乳膏處方能減少發炎與疼痛。癒療需時好幾個月，甚至會留下棕色的疤痕。

蘇黎世州管理局生物安全科長丹尼爾‧費雪 (Daniel Fischer)
接受 Blick 報紙採訪時即表示：「我們現在迫切地需要對抗大豬草，
否則此草將很快地滅絕好幾公里範圍內的植物，導致地貌和物種的
單一化。……而且，接觸大豬草後的傷勢通常嚴重到得植皮治療。」
（註四）對付大豬草乃當務之急，因此瑞士政府正式公告，危害健康的
大豬草屬第一級處理的外來入侵植物，一旦發現大豬草的蹤跡，必
須通報當地公所。尤其，如果發現地點鄰近幼稚園、學校、住宅區，
或威脅自然保護區的物種時，應當立即進行清除。（註五）處理此植物
時，必須穿著長褲和長袖衣物，戴上防護手套和面罩。最佳的清除

大豬草。照片來源：蘇黎世州管理局生物安全科提供

方式乃先砍除植物本體，僅留地面以上約十五公分長的莖，之後再從土壤挖掘地下根並整株銷毀，否則七年內原株仍可繼續發芽。一般狀況下，原株大豬草早已散播種子留下遺毒，所以一年後得回來著手進一步的清理工作。即使避免接觸大豬草汁液的準備工作萬分周全，假如還擔心有任何閃失，最佳的辦法便是在黑暗中如夜晚進行清除作業並於事後淋浴，如此就不用擔心巨熊爪的烈火之術了。（註六）

只因前人令人不敢恭維的審美觀，使得大豬草曾在歐洲風行，貴族競相爭種，現在卻慘淪為人人喊打的頭號通緝犯。讀到這裡，希望不會抹殺大家至瑞士森林登山與踏青的興致。其實，只要了解與大自然的和平共處之道，便能免於恐懼。另外，當你在野外發現大豬草的行蹤時，千萬別觸碰它，但也請別嚇得乘風火輪逃離現場。務必記下地點並通報當地機關，因為保衛地球，人人有責！

註一　　Riesen-Bärenklau, wikipedia 巨熊爪。

註二　　Michel, Beat, "So kämpft die Schweiz gegen Gift-Pflanzen", Blick (30.10.2015). 瑞士如此對抗有毒植物。 Schöne neue Pflanzen welt? - Invasive Neophyten von der Schweiz bis in die Tropen, Botanischer Garten der Universität Bern (06.2012) 美麗的新植物世界？擴及瑞士到熱帶地區的新入侵物種。 D. Storl, Wolf, Wandernde Pflanzen, (Planegg: AT Verlag 2014), p. 182. 遊走的植物。

註三　　瑞士植物國家資料與資訊中心 (www.infoflora.ch)。2014 年 8 月共有四十種植物列為黑名單。

註四　　同註二。

註五   Invasive gebietsfremde Pflanzen, Eidgenössische Fachkommission für biologische Sicherheit (05.2014). 外來入侵植物，瑞士聯邦生物安全專門委員會。(www.efbs.admin.ch)

註六   Stucki, Vera, "Brandgefährlicher Riesenbärenklau", SRF (10.07.2015). 灼熱危險的大豬草。
Buol, Amanda, "Riesenbärenklau gesehen? Jetzt melden! ", Naturschutz.ch (01-09-2016). 看到大豬草了嗎？立即通報。

生活保健常識。
抽自捲菸草比較健康？

　　朋友們來過瑞士旅行後，無不讚嘆風景的美麗以及人民的和善，但美中不足之處，除了商店早早打烊破壞購物興致以外，還有比較嚴重的二手菸問題。我還記得，阿公和阿爸那個年代有許多男子抽菸，但近年台灣的菸害防制有成，成年人的吸菸率從一九九〇年的 59.4%，遞降至二〇一五年的 17.1%。同期，瑞士吸菸人口則從 30% 降至 25%。（註一）今日，瑞士的吸菸人口比例比台灣高，但聯邦政府也持續不斷努力宣導禁菸，例如二〇一〇年五月一日起全瑞士施行餐廳酒吧等密閉公共場所的禁菸令。（註二）

　　隨著健康意識的抬頭，抽菸不再是很酷的事，同時越來越多癮君子轉而消費標榜比較健康的自捲菸。抽捲菸者比例從二〇一一年的 4.8%，翻升至二〇一四年近兩倍的 8.7%，多數擁護者為年輕人。

其實，抽自捲菸相當費工。首先，必須購買菸絲、濾嘴與捲紙三樣產品，再小心翼翼地把菸草置於捲菸紙，在一端擺放濾嘴，舌舔封口處，最後把捲菸捲起來。愛好者認為捲菸比盒裝菸便宜，含有較少的有毒物質，抽起來比較健康。（註三）

以抽長菸斗的印第安人為商標的天然美國精神 (Natural American Spirit) 是瑞士最常見的捲菸品牌，品牌形象提醒世人吸菸乃源自印第安人的傳統風俗，包裝效果有如文化商品帶點兒浪漫氣息，以為抽了可以變文青。製造商表示自捲菸的菸草跟一般菸草混合物具有相同品質，不同之處在於：（一）為方便捲菸，細切割，保留長纖維。（二）捲菸的緊實度，是否使用濾嘴，以及捲菸紙的使用決定尼古丁和凝聚物的濃度。（三）因自捲菸草無添加保濕劑、調味劑、防腐劑等添加物，為避免發霉，故其溼度比一般品來得低。開封後，最好置於通風處或冰箱裡存放。另外，天然美

國精神公司還從事公益活動，例如支持日本三一一海嘯受災戶，協助當地有機農場的生產，力行友善環境的種植計畫，另外還生產有機品質的菸草。乍聽起來，還以為此公司已金盆洗手，改做慈善事業了。(註四) 另外，在瑞士市占率近半的英美菸草集團 (British American Tobacco Gruppe) 也大張旗鼓地擴張旗下的綠色產品，比如巴黎女人 (Parisienne) 菸品強調不含添加劑、鋁紙和玻璃紙。包裝呈現在大自然裸泳的青少年，帶來清新的視覺感受，營造跟大自然產生連結的形象。但是，這些具綠色氣質的菸草產品真的比較環保和健康嗎？

菸草原料多半源自巴西與馬拉威等地，當地為了種植高經濟作物——菸草，便砍伐了許多原生樹林。栽種菸草困難度相當高，所需的肥料和農藥比一般作物高上五倍之多。種植、採集和加工的成本也非常高。僅需兩、三年光景，如千年妖精的菸草便完全吸取土壤裡如氮、磷、鉀等重要營養成分，導致其他植物難以在同塊土地生長。另外，大量肥料和殺蟲劑不僅危害農民與消費者的健康，化學物質滲入地下水後，也繼而滅殺水中生物。由於菸草公司僅支付少許的收成費用，菸農只能藉由種植更多的菸草以求餬口。但農民負擔不起聘請臨時工的酬勞，故通常只能情商家族親戚支援上工，因此種植菸草是家族性的工作，而且工作條件極差。光是馬拉威的菸草農場就雇用了大約七萬八千名童工，巴西與印度也有相同問題。在沒有護具保護的狀態下，採收菸草葉時，他們直接接觸化學物質，每日吸收大約五十四毫克的尼古丁量，幾乎等於抽了五十支菸。毒物滲透至體內後，導致噁心、嘔吐、昏眩和虛弱。根本就是毒農場。(註五)

東瑞士兒童醫院的肺病專家尤根・巴爾本醫師 (Jürgen Barben) 認為，菸草公司可能更換綠線產品的配方，但絕非改變所有的成分，因此仍舊存有尼古丁等有害物質。今日香菸製作過程加入的物質約六百多種，而這類綠色產品有誤導消費者之嫌，以為產品僅含純菸草，不含添加劑。(註六) 此外，菸品共含有四千多種化合物質，其中四十多種已被證實為致癌物，例如常用於殺蟲劑且導致上癮的尼古丁，在肺部堆積並損害纖毛的焦油，保存屍體用的福馬林，指甲去光水所用的丙酮，清潔劑成分氨等等，透過燃燒熱解被吸入體內，能引發疾病。(註七) 瑞士戒菸協會在官網提供問與答資訊，其中一題為：「是否抽自捲菸比較不會得到舌癌與唇癌？」答案是否定的。抽自捲菸跟一般盒裝菸具有相同的危險因素，特別會導致肺癌、唇癌、乳癌、膀胱癌等癌症。(也適用於吸雪茄者和抽管菸者)(註八) 捲菸的包裝可能符合環保訴求，但是內容物絕非如此。菸草公司沒有明說的真相是──菸草的種植條件既不環保，也違反公平交易的人道精神，而且非常不健康！

值得注意的是，二〇一〇年十一月德國聯邦法院禁止天然美國精神公司以有機菸草 (Bio Tabak) 之名廣告。這個標語觸犯「推崇菸草品為自然物」的禁令，可能誤導消費者以為抽有機菸草比較無害。此外，德國食品農業與消費者保護聯邦機構的資料庫註明，「天然美國精神的菸草產品含有保濕劑、溶劑或催化劑等添加物」。但廠商回應，添加物僅存在於菸紙、濾嘴，不在菸草裡。無論如何，沒有菸紙與濾嘴，只有菸草抽菸也抽不成。反觀，英美菸草集團在官網上警示綠色產品「不含添加劑，不表示健康不會受損」。盡了

菸草製造商該負的社會責任。(註九)

　　眾所皆知，瑞士以出口高品質的鐘錶、機械、巧克力、乳酪等產品聞名世界，其實小國也是出口菸草大國，而且二〇一五年的菸草出口總額幾乎與乳酪相當。以瑞士為生產基地的三大菸草公司為菲利普‧莫里斯公司 (Philipp Morris)、英美菸草集團 (British American Tobacco)、日本菸草公司 (Japan Tobacco)，共同創造了四千八百個工作機會。菸草公司選擇在瑞士落腳的首因是，「瑞士製造」標籤等於為高品質背書，替產品增值。第二項乃政策性因素。當歐盟禁止製造和販售超過 10mg 焦油、1mg 尼古丁、10mg

一氧化碳，高度損害健康成分的菸草產品時，瑞士也不許販售，但不禁止製造。藉此法律漏洞，這些菸草公司得以自國外進口菸草原料，於瑞士境內加工生產再出口，成功行銷菸草產品至中東和亞洲地區。(註十)

　　有位瑞士朋友曾在三大菸草公司之一從事行銷工作多年。他便透露，「年輕族群」為公司主要鎖定的廣告對象。他自己也承認抽菸有害健康。你還在猶豫要放棄盒裝菸而改抽自捲菸嗎？奉勸你不用考慮，還是直接戒菸吧！

註一　成年人吸菸行為調查，衛生福利部國民健康署菸害防制資訊 (http://tobacco.hpa.gov.tw/Show.aspx?MenuId=581) Tabak, Suchtmonitoring Schweiz (www.suchtmonitoring.ch) "Kleine Geschichte des Rauchens", Tages-Anzeiger (23.03.2017). 抽菸的小歷史。

註二　SDA, "Rauchverbot für die ganze Schweiz", Blick (08.10.2009). 全瑞士的禁菸令。

註三　Kündig, Camille, "Vor allem junge Raucher drehen Zigaretten selber", 20min.ch (31.08.2016). 年輕抽菸者偏向自捲菸。根據 20min.ch 問卷調查，53% 的受訪者不抽菸。26% 認為抽捲菸省錢，因而抽捲菸。21% 認為捲菸費勁，故不抽捲菸。

註四　天然美國精神 (www.naturalamericanspirit.ch) 一般菸草溼度 16%-18%，自捲菸草為 14%。

註五　"Rauchen gefährdet die Umwelt", unfairtobaco.org (03.12.2011). 吸菸危害環保。
"In jeder Zigarette ein Stück Kinderarbeit", unfairtobaco.org (03.12.2011). 每支菸一份童工。

註六   Lubbadeh, Jens, "Die Zigarette ohne Zusätze ist eine Werbelüge", Spiegel Online (03.04.2014). 無添加物菸草是廣告謊言。 Pfister, Jessica, "Öko-Zigaretten sind eine reine Werbe-Lüge", 20min.ch (11.07.2012). 有機菸草純粹是廣告謊言。不含添加物的菸草難以抽吸，且可能造成喉嚨痛

註七   衛生福利部國民健康署戒菸專線服務中心 (http://qsweb.infotram.net)。

註八   瑞士戒菸協會 (www.stop-tabak.ch)。

註九   Pfister, Jessica, "Öko-Zigaretten sind eine reine Werbe-Lüge", 20min.ch (11.07.2012). 有機菸草純粹是廣告謊言。

註十   Sturzenegger, Martin & Fehr, Marc,"Das Schweizer Tabakparadies", TagesAnzeiger (14.06.2016). 瑞士的菸草樂園。Sigrist, Marcel, "Starker Tobak aus der Schweiz", SRF (26.05.2014). 來自瑞士的強勢菸草。瑞士製造菸草品牌為 Marlboro, L & M, Lucky Strike, Parisienn, Camel, Winston 等。2015 年出口菸草總值 554,778 百萬瑞郎，乳酪 572,884 百萬瑞郎。2013 年瑞士菸草產品主銷至：日本、巴林、摩洛哥、荷蘭、南非、沙烏地阿拉伯、黎巴嫩、德國、俄羅斯、阿拉伯聯合大公國。

▌無鋁止汗劑。

出門旅行前，你會打包止汗劑嗎？你身邊的親朋好友，又有多少人使用止汗劑？在台灣的超市百貨公司，通常止汗劑產品只占個人清潔用品區的一個不起眼小角落，且供選擇的品牌與功能少之又少。若把鏡頭拉至瑞士超市，止汗劑的產品地位與洗髮精、沐浴乳、身體乳平起平坐，而且品牌、香味與功能的選擇眾多。無論有機成分，還是長效型、抗過敏、蘆薈配方、玫瑰、枸杞檸檬、薑味檸檬芬芳等，品項令人眼花撩亂，不知從何挑起。確實，許多瑞士人養成全年使用止汗劑的習慣，連我的先生也不例外。如果晨浴後沒在腋下塗上一層止汗劑，有如沒穿內褲一樣不自在。此外，平日極少託我購物的他，只要止汗膏見底了，便再三交代務必幫他補貨，家裡每天要吃的麵包沒了都沒那麼著急。

瑞士人重視居家整潔，且持有相當高的清潔標準，自然也對個人衛生習慣要求較高。(註一) 清潔不僅只清洗乾淨，還得考慮活動流汗可能滋生細菌，導致腋下飄散異味，使用止汗劑可是預防法寶，這跟買保險事先預防的道理相同。但是為了有效達到止汗除臭的效果，許多止汗劑添加了過敏原成分。例如，阻塞毛孔的鋁鹽 (Aluminiumsalze) 可有效抑制汗味與汗濕，避免尷尬的臭味，但過去不斷有研究指出，鋁可能導致癌症與阿茲海默症等疾病。(註二) 瑞士毒物中心主任雨果・庫佛施密特 (Hugo Kupferschmidt) 接受瑞士 SRF 電視台節目 Kassensturz 訪問即表示，止汗劑中的鋁可能與乳癌和阿茲海默症有關，但是兩者之間的關聯性尚未完全證實。值得注意的是，此類金屬物質容易累積於肺部與骨骼系統，尤其接觸發炎或剃毛後受刺激的肌膚，將導致更多的鋁分子流入體內。(註三) 二〇一六年秋天，研究領域的混沌出現了突破，日內瓦葛洪蓋特醫院 (Clinique des Grangettes) 的研究提出顯著證據，直指鋁確實能導致乳癌，甚至要求相關單位禁止鋁鹽的使用。(註四)

近幾年，出自健康因素，越來越多瑞士人開始使用無鋁配方止汗劑。雖然止汗劑產品只要掛上無鋁一字 (aluminiumfrei)，價格便比其他一般品來得高，即使如此銷售量卻一路長紅。根據二〇一六年調查，41% 的受訪民眾使用無鋁止汗劑，36% 使用含鋁止汗劑 (17% 不清楚，6% 不使用止汗劑)，使用無鋁止汗產品日漸成為瑞士市場的主流。自從日內瓦的研究報告出爐後，想必今年無鋁止汗劑的銷售勢必再翻紅。(註五)

但是，沒有了強力止汗成分「鋁」，止汗劑仍具有止汗效果嗎？瑞士 SRF 電視台節目 Kassensturz 與法國化妝品實驗室合作，測試市售十四款無鋁止汗劑，發現無鋁配方仍具有止汗效果。其中，平價超市 Lidl 出品的 Cien 女性抗過敏噴霧型止汗劑和 Aldi 出品的中性 Ombia 24 小時噴霧型止汗劑的綜合表現最佳。蕊娜女性滾珠型止汗劑 (Rexona pure fresh) 和多芬中性噴霧型止汗劑 (Dove go fresh) 達到中庸的滿意表現，而妮維雅的中性滾珠止汗劑 (Nivea Pure & Natural) 則勉強過關。(註六) 幾年前，我的先生一直嚷嚷著要改用無鋁止汗劑，卻一直遲遲沒有力行，直到爆發了「鋁鹽真會致癌」的新聞後，他才馬上火速更換。他可以證明，無鋁的止汗效果真的跟含鋁的一樣好喔，而且心理也不再有陰影！

　　另外，滾珠型與膏狀型止汗劑比噴霧型的質量較佳，因為噴霧型含有作為推進劑的有毒物質 —— 異丁烷 (Isobutan) 和丁烷 (Butan)。前者高劑量能導致麻醉和窒息，後者作為嗅探性毒品可造成噁心、嘔吐或大腦損傷。英國有位極度在乎異味的十二歲清潔控少女，每日噴上幾個小時、量大有如為好幾台腳踏車噴漆的止汗產品，二〇一六年家庭夏日旅行時，大量使用噴霧止汗劑後，發生心律失調而離世。當個聰明的消費者，請務必慎選止汗劑！(註七)

註一　瑰娜 (陳雅惠)，《瑞士不簡單》，(新北市 : 木馬出版社，2016 年 10 月)，第 96 頁。

註二　Arnold, Jonas,&Redaktor Saldo, "Test: Auch Deos ohne Alu sind wirksam, " ktipp.ch (16.03.2016). 無鋁止汗劑也行得通。

註三　Jans, David, "Alufreie Deos im Test: Viele halten trocken", SRF (15.03.2016). 無鋁止汗劑測試 : 許多能保持乾燥。

註四　Stefano J. Mandriota, Stefano J. & Tenan, Mirna & Ferrari, Paolo, Aluminium chloride promotes tumorigenesis and metastasis in normal murine mammary gland epithelial cells, International Journal of Cancer IJC, Volume 139, Issue 12, 15 December 2016, Pages 2781–2790. 鋁促進老鼠乳腺上皮細胞腫瘤發生和轉移

註五　Fee, "Aluminium im Deo kann definitiv zu Krebs führen", 20min.ch (20.09.2016). 止汗劑中的鋁能導致癌症。

註六　同 註 三。Deos ohne Aluminium im Test 15. März 2016, KASSENSTUR, SRF (15.03.2016).

註七　Paige (12) starb, weil sie Unmengen an Deo benutzte, heute.at (29.03.2017). 珮格死於大量使用止汗劑。

▎全民抗花粉症。

　　每年入春之際，翻開報章雜誌，打開電腦，跳入眼簾的關鍵字除了 Pollenallergie 就是 Heuschnupfen，這兩字出現頻率之高，不懂字義的，還以為國民天王費德勒又贏球，引來媒體爭相報導。其實，這兩字皆為花粉症之意。瑞士的八百萬人口中，每五個人就有一人患花粉症，故抗花粉症可謂全民運動。﹙註一﹚你有朋友患花粉症嗎？居住亞熱帶和熱帶的台灣人少有此病，而花粉症這名詞則常與日本櫻花盛開同時被媒體提起，可是距離我們的現實生活好遠好遠，不禁讓人好奇花粉症究竟為何物?!

　　花粉症是溫帶常見的過敏性疾病。榛子、樺樹、柳樹、橙木、草類、蕁麻或艾蒿花粉等為過敏原。隨著時間的推移，也發展為和某些食物相互關聯的交叉過敏。花粉症的症狀往往類似感冒，例如頻繁地打噴嚏、鼻塞、流鼻涕與咳嗽或眼睛和喉嚨嚴重瘙癢。此外，有些患者出現濕疹或其他皮膚疾病等過敏症狀。也有病人對光敏感並出現嗅覺和味覺遲鈍，經常感到疲倦和虛弱，甚至胸悶或急性呼吸困難。為了緩解症狀並防止病症演變惡化，瑞士醫生多半強烈建議病患體檢找出過敏原和接受適當的治療。諮詢時，通常首先得填寫一份相關不適症狀、發作時期、是否接觸動物等特殊狀況等明細問卷。植入過敏原的皮膚點刺測試 (PRICK-TEST) 以及檢查血液是否產生抗體的血液檢測為主要測試方式。﹙註二﹚

　　我本以為花粉症是歐美人和日本人專有的過敏症，而我的迷思直至在瑞士生活的第三個春天才被打破。新遷的公寓陽台面對一片花海樹木與綠茵草地，時值季節交替，氣溫忽高忽低，打噴嚏，打個連續兩個或三個是再正常不過的事。還記得，那天天氣出奇的好，我卻打了個連環噴嚏，總共超過十個以上，同時喉嚨感到不適，持續流鼻水，眼睛與咽喉也開始發癢，即使在家加強感冒護理，這些症狀並未明顯好轉。直到有天，春雨急急落下，這些毛病居然不藥而癒。我的先生便向他患有花粉症的親友詢問，才得知，原來我應該得了花粉症！海外華人媒體時常報導，許多人移居美國前，從未犯過花粉症，新移民住美兩三年後則是最易患花粉症的時期……。德國的華人報也提及：「在德越來越多華人患有花粉過敏的毛病。……很多人在來到德國生活三年或七年後發病，也有人在度過了二十個年頭後出現問題。……」(註三) 湊巧我在第三年發病，身邊也有好友剛剛好於第七年開始過敏，何以預測發病跟瑞士家電十年保固期一樣準確?!

雖然花粉病並非急性危害性命的病症，但若不小心處理，便可能嚴重惡化引發氣喘。我有位神韻似法國女星瑪莉安・歌迪雅 (Marion Cotillard) 的瑞士女友 S，當她與男友同我們在飯桌聊天聊到一半時，突然轉身蹲下從包包取出一只小物，一個吸入性支氣管擴張劑，並在我面前使用了它。她淡淡地說道，她長年患有花粉症，而且過敏症引起「氣喘」的發作。當下我的心頭一震！也許你也聯想到，台灣名歌星鄧麗君在異地氣喘發作，來不及使用吸入劑的故事……。

花粉症並非傳染性疾病，但是患症基因會一代傳一代遺傳。如果父母雙方皆為花粉症患者，其孩子患病的風險高達六成。若父母和兄弟姊妹皆無此毛病，機率則降至 15%。此外，後天環境因素如工作和生活壓力也會影響發病。（註四）由於花粉症人口為數眾多，故在瑞士不僅發布全國性天氣預測、雪量預測、視野預測、紫外線預測，甚至還有「花粉濃度預測」。瑞士過敏中心 (Allergiezentrum Schweiz) 便定時發布預測數據，以提醒花粉症患者避免前往高花粉濃度地區出遊。（註五）

　　預防花粉過敏症的關鍵即「避免與過敏原接觸」。比如，時值花粉季節，室內若有通風的必要，鄉下地區應於低花粉濃度時間，晚上七點至半夜才開窗，城市則於早上六點至九點。睡前應當洗頭並勤洗被單，勿將衣物晾在外頭。風起的晴朗天氣裡，勿停留戶外

或割草過久，盡可能地配戴太陽眼鏡。水上運動則優於戶外慢跑或騎自行車。此外，亦可藉飲食法減緩或預防花粉症的產生。

專家認為，減少呼吸道發炎的綠花椰菜、富含維生素 C 的柑橘類水果、抗過敏症狀的綠色葉菜蔬菜、減緩發炎的蕁麻與洋蔥或大蒜皆為理想的抗花粉過敏食物。(得注意是否可能造成食物交叉過敏)（註六）另外，瑞士民間不少人相信純素飲食能對抗所有過敏原。其他藉由飲食法成功揮別花粉過敏的例子尚有：飲用鮮榨的檸檬薑汁或大量的博士茶 (Rooibos Tee)、食用在地生產的蜂蜜或花粉、食香菜冰沙、服用黑香芹籽油 (Schwarzkümmelöl) 等等。然而，每個人的體質不同，效果也不盡相同，例如有人藉戒葷食擺脫花粉症，卻有多年茹素者仍患有嚴重的花粉過敏。除了飲食療法，眼藥水、噴鼻劑、滴藥或藥錠、光療法、針灸、順勢療法也被用於減輕過敏症狀。

若欲積極治本，根除過敏根源，於膚下注射或於舌底滴過敏原的「脫敏治療 (Desensibilisierung)」則最被廣為應用。以此方式，隨著時間提高劑量，使得身體漸漸習慣過敏原，因而形成對免疫系統的保護。此療法通常於秋季或冬季的低花粉濃度期間進行。整個療程需歷時幾年，而成功率高達八成。（註七）

花開的時候，正是許多瑞士人惡夢的開始，不用羨慕瑞士春天的美！

註一   Müller, Martin, "Heuschnupfen Allergiker zwischen den Pollen", Beobachter. 花粉之間的花粉過敏症者。Pollenallergie (www.aha.ch) 瑞士過敏中心。

註二   Heuschnupfen (www.ksbl.ch) 巴賽爾州立醫院。

註三   曹景哲 & 洪毅夫，春夏之交花粉症高發要注意預防，大紀元 (21.03.2013). 倪道鈞，花粉過敏的自我治癒，華商報 (21.05.2014)。

註四   瑞士過敏中心的 Sereina de Zordo 所言。Cajacob, Flavian, "Pollen-Attacke", Blick Das Magazin für Gesundheit Nr. 1 (03.2017). 花粉攻擊。

註五   Pollenprognose (www.pollenundallergie.ch). 瑞士即時花粉濃度預報圖。

註六   Cajacob, Flavian, "Pollen-Attacke", Blick Das Magazin für Gesundheit Nr. 1 (03.2017). 花粉攻擊。

註七   GSS, Essen gegen Heuschnupfen, 20min.ch (23.04.2015). 以飲食對抗花粉症。 Heuschnupfen (www.ksbl.ch) 花粉症，巴賽爾州立醫院。

▌ 都是月亮惹的禍。

　　滿月令你聯想到什麼？月餅、嫦娥奔月、全家團圓？貪吃的我馬上想到烤肉架上肥滋滋的三層肉，延流至木炭上的油與激發的火花吱吱作響。有句成語最能連結大家美好的想像：「花好月圓」。就台灣的文化，圓月是多麼美麗的事物，在傳統戲曲中，相公與娘子總在月圓之際圓房呢。

　　但在瑞士，完全不是這麼一回事。有時與親友聚會，偶爾我被問道，是否前一晚睡得好？常常一覺到天亮的我，通常一股腦兒回覆：「很好啊！」然後出於禮貌也回問對方是否也睡得安好。結果，出乎意料，親友帶著苦惱的神情答覆：「很不好耶！」接著冷不防發出一箭補充：「都是滿月惹的禍。」初來乍到瑞士時，每當我聽見這個失眠理由，心中總是升起好多個問號？……。把失眠的罪過歸在幾十萬公里遠的月亮身上，會不會扯太遠了？

　　猶記得，二〇一六年十一月十四日是超級月亮日，當天瑞士人也跟台灣人一樣熱烈地討論這個現象。（註一）剛好那天我在一所雙語學校工作。上課前，有位女老師很熱心地提醒我：「今天是超級月亮日。我班上有幾位學生異常活潑且活動力特別強。可能等會兒你也會遇到相同狀況喔。」在感謝她的好心提醒後，我便戰戰兢兢地面對接下來的挑戰。結果，三位學生異常乖巧，整堂課都安靜地坐在桌邊認真學習，完全沒有失控的蹦跳表現，但是卻頻頻喊累……。我本以為，滿月在西方世界僅與狼人和吸血鬼的傳說有關。但是在瑞士，不少人相信月圓影響活動力、行為與心理，特別對睡眠品質與幼童情緒帶來負面效果。某些人於月圓前幾天或月圓時出現頭痛、疲倦、不耐煩、頭敲牆、輾轉難眠、丟三落四或與另一半爭吵等不尋常狀況，卻也有少數睡眠出奇得好的正面例子。此外，亦有報導指出，月圓造成異常興奮和性慾高漲，導致夜店發生較多的糾紛且提高犯罪率。（註二）姊姊的婆婆有位任職於警界的朋友，即表示依統計每逢滿月犯罪率與車禍發生率確實增高（目前尚無研究證明其關聯性）。以上點出的滿月負能量威力驚人，而月圓是否真會造成睡眠障礙？

其實，早在中古世紀就有月亮影響睡眠的說法。十五世紀的文獻明載：「……夜晚入眠時應該避開月亮，尤其應避免濕寒的月光照在頭部，否則會引發寒氣與黏膜炎……。」（註三）現代則有此月圓說，當月亮、太陽和地球排列位置呈一直線，月亮與太陽的海水引力合一，造成大潮。依據他們的說法，水分占人體全身的 70%，因

此多多少少深受影響。(註四) 針對民間的月圓迷思，二〇一三年瑞士巴賽爾大學進行一項測試，讓三十位測試者於實驗暗室睡眠一週。針對不同睡眠階段，透過腦電波、眼球運動與激素的檢查，發現人體時鐘跟隨月球的節奏，月球週期會影響人類的睡眠結構。月圓時，睡眠品質確實變差，入眠時間增加了五分鐘，深睡時間也減少了三分之一。「月圓影響睡眠」的說法似乎是有科學依據的。(註五) 月亮是以何種方式影響大腦內的月亮時鐘？研究人員認為引潮力是不可能的。另一說法，遵循古代之說，以為「月光」會同步影響大腦，但是測試是在暗室裡進行的，這種說詞就行不通了。一年後，來自慕尼黑的神經學家馬汀・德列斯勒 (Martin Dresler) 以相同的方式實驗，但將測試日期拉長，增加測試者人數至一千兩百六十五位，所得睡眠總數有兩萬之多。但是測試結果與瑞士研究結果並未相符，而且被月亮影響睡眠者的個案數量很零星。(註六) 自從德國學者踢館瑞士研究後，這個月圓說就被當作心理作用與巧合處理了。然而，雙方各執一詞，「月圓是否影響睡眠品質」的真相陷入撲朔迷離。

時至今日，不少瑞士人仍舊相信圓月的能量。月圓時該如何改善睡眠品質呢？即使至今，發生原由尚未被釐清，仍有好心的專家提供了解決之道。改善睡眠專家迪特・昆斯博士 (Dr. Dieter Kunz) 說服月亮睡眠障礙者去相信，他們所感受的月圓影響並非想像。當這個可能的原因被認可了，他們便不再覺得自己想太多或者發瘋了。即使不知該如何治本處理，有如催眠的效果，他們從中得到心安，因此得以安心入睡。專家表示，月圓時千萬不要對自己施加心理壓力，否則會加劇失眠。入睡如遇困難時，應該起身找些事情做，可以讀本書或整理家務，但千萬不能開啟電視或電腦螢幕，因為藍光會抑制褪黑激素，而且賀爾蒙的變化會影響生活中的日夜節奏。如果以上方法不能奏效，只能耐心等候。等第四個月圓日過後，睡眠即可改善。（註七）

　　現在想一想，你的上個難眠之日是否發生在月圓之際？如果是，觀察一下是否此為常態。再試試看相信月亮的能量，也許可以改善睡眠品質喔！

註一　sda/horm; schubeca, "Das sind Ihre Bilder vom «Supermond» ", SRF (15.11.2016). 當天月亮與地球最短距離僅 356,509 公里。圓月的大小比一般大上 14%，且亮度亮上 30%。

註二　"Beeinflusst der Mond den Menschen? ", www.focus.de (02.11.2007). 月亮影響人類嗎？
　　　Leser, "Die Nacht vor Vollmond verbringe ich schlaflos", 20min.ch (15.11.2016). 月圓前我無法入睡。

註三　著者：Archibald, Elizabeth P.，譯者：何玉方，《餐桌上的中世紀冷笑話：耶魯歷史學家破解古典歐洲怪誕生活》，(大寫出版，2016 年 9 月 12 日)，第 201 頁。

註四　"Beeinflusst der Mond das Wetter? ", www.wetteronline.de (10.02.2017). 月圓影響天氣嗎？

註五　Sda/Spe, "Schlechter Schlaf bei Vollmond", NZZ (26.07.2013). 月圓時失眠。

註六　NPO, Moderne Mythen im Test: Beeinflusst der Mond unseren Schlaf? (www.wissen.de). 現代迷思測試：月亮影響我們的睡眠？

註七　"Tipps für Mondfühlige: Besser schlafen bei Vollmond", www.ch.fem. com (29.04.2014). 給受月圓之苦者的祕訣：月圓時，睡得更好。

▊ 國民病，偏頭痛。

　　許多人曾遇過頭痛的經驗，但是又有幾個患偏頭痛呢？首先我們先釐清兩者的差異。頭痛發作時間短暫，為持續性分布整個頭部的疼痛，活動時疼痛度不變，無副作用。偏頭痛發作四個小時至三天，為搏動性頭部單側疼痛，活動時增加疼痛度，帶來噁心、嘔吐、光敏性、聲音敏度等副作用。(註一) 在台灣生活時，生活圈少有人為偏頭痛所苦，直到搬來瑞士以後，這個問題突然離我好近好近，因為苦主是我的先生。自青少年時期這毛病便陰魂不散地跟著他，徵狀如同風濕症常在陰晴變化之際發作，偏頭痛總是來得突然，偶爾也會出現短暫的視覺障礙，由於根本無法預測發作時間，故只能提心吊膽地面對季節轉換。

　　每當偏頭痛悄悄地來襲，他便對任何事物提不起興致，像吸血鬼一樣畏光，如看門狗對聲音敏感。輕微時，僅短暫感受微微痛楚。嚴重時，可以發作個幾天，僅能躺在床上歇息，並服用止痛藥改善症狀。起初，沒有這方面經驗的我總是不知所措，也不知該如何安慰他，所能做的僅有聽命等候為他送上一杯開水或熱茶。有時，心裡上演小劇場：先生怎麼這麼可憐得到這種病，我該怎麼辦？好希望能分擔他的痛楚 ……。如果病情嚴重，婆婆便會來電關心先生的狀況，還順便提到：「唉！天氣在變化，你的叔叔、姑丈和外婆也在鬧偏頭痛了。」後來，也常聽到，誰誰誰也在患頭痛。最後，我才恍然大悟，原來他只是患了同胞之間常見的國民病，而我小題大作了。

根據瑞士頭痛協會報告，瑞士境內年齡十二歲至六十歲居民當中約有一百萬多名的偏頭痛患者，亦即約有 13.5% 的瑞士居民患有偏頭痛。另有一說，每四位瑞士人就有一位患有偏頭痛。(註二) 由於偏頭痛影響工作與生活，造成的國民經濟損失每年高達瑞郎五億之多 (合約新台幣一百六十億)。(註三) 台灣頭痛學會統計台灣的偏頭痛盛行率僅約 9.1%。而為什麼歐洲人如瑞士人罹患此病症的指數較台灣人高呢？陳志明博士認為，亞洲人種可能較有忍痛力或其他基因上的優勢。(註四)

　　根據多項研究，「天氣轉換」確實引發 7% 至 61% 的偏頭痛患者發病。但是到底何種因素引起頭痛？阿爾卑斯山焚風 (Föhn)、撒

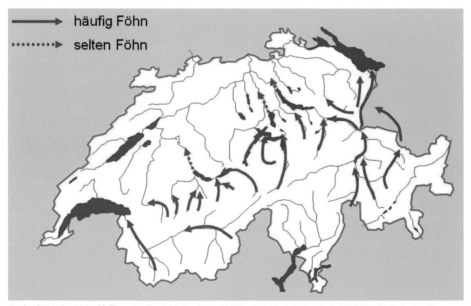

紅色實線為常見焚風。紅色虛線為少見焚風。圖片來源：瑞士聯邦氣象和氣候局

哈拉沙漠的沙塵和電磁波被視為偏頭痛的三大主因。焚風是由非洲吹來的南風，跨越阿爾卑斯山後，來到北面成為乾燥的熱風。焚風需要低氣壓持續流動，故造成阿爾卑斯山地區的低壓現象。每年撒哈拉沙漠塵埃帶來五十億噸含有微生物的沙塵，並在吹過阿爾卑斯山的同時於雲層裡倍增繁殖，在日光照射下產生奈米粒子、鐵離子和胺基酸。另外，遠方的天氣狀況與其他天然因素可以造成天電，或所謂的低頻電磁波。由於天電的移動速度比風還快，焚風到來的前一兩天便能引發偏頭痛。（註五）在瑞士，幾乎從年頭吹到年尾的焚風也許是引發國民病的主因。但無論焚風低壓、沙塵或電磁波，皆未獲得完全的科學證實。

偏頭痛的確切原因不明，也因此沒有根治辦法，但似乎與遺傳因素有關。因為偏頭痛病患的家族裡，往往也有其他家族成員受此疾病影響。我們無法改變天氣與遺傳，但是至少可以做些什麼？

我飽受偏頭痛之苦的先生是標準的瑞士乳酪控與巧克力迷，常把乳酪當飯吃，將巧克力當消夜嗑。自去年開始，因考量巧克力的高熱量，有段時間我不再添購巧克力產品。說也奇怪，過了好一陣子，先生突然對我說：「ㄟ，好久沒犯偏頭痛了！」他臆測，消失的偏頭痛應該與不再夜夜吞嚥巧克力有關。其實，依據醫學報告，偏頭痛的發作頻率真的與飲食相關。某些食物、飲料與成分可引發頭痛，舉凡食品添加物：湯品、點心、沙拉醬或番茄醬裡的增味劑。香腸和火腿等加工肉品所含的亞硝酸鹽。酒精：伏特加和紅酒，尤其含高組胺的葡萄酒。咖啡因：不必戒咖啡，但每日不應飲用超過三至四杯（約四百毫克咖啡因）。（註六）此外，尚有堅果、巧克力、乳酪等等。除了飲食以外，運動、戒菸、規律睡眠、避免壓力等良好生活習慣也能減緩症狀的發生。不同體質與不同時間的引發因子各有所異，建議可從飲食變化與嘗試抒壓中找出適合個人的最佳辦法。（註七）

　　真切希望上述的自我養護方式行得通。但若出現頭痛難耐、日常生活和工作受影響、接受不同治療卻無改善、每日服藥仍舊頭痛等狀況，一定得就醫治療。（註8）頭痛痛起來真是要人命，不當處理可能導致心情惡劣和沮喪。所以對抗偏頭痛不只是病患，也是整個家庭的事，需要耐心和愛心與之共存。你身邊有人受偏頭痛之苦嗎？別忘了替他加油打氣喔。

註一　Migräne (www.gesundheit.ch). 偏頭痛。

註二　Migräne (www.headache.ch). Russo, S, "Mit Entspannung und Glauben gegen Migräne", 20min.ch (16.09.2016). 以抒壓與信仰對抗偏頭痛。

註三　Bodmer, Marc, "Ein Dolch im Kopf", MM 41 (10.10.2016), p. 6. 頭上的匕首。
　　　偏頭痛四階徵狀 (1) 24-48 小時前階徵狀：飢餓感、情緒波動、排尿增加 (2) 15-60 分鐘光環：視野障礙、眼睛感光爍、手與臉感到刺痛、語言障礙 (3) 4-72 小時頭痛：噁心感、嘔吐、畏光、聲音敏感 (4) 約 24 小時後階徵狀：心情變化、感到重生。Bodmer, Marc, "Leid mit vielen Gesichtern", MM 41 (10.10.2016), p. 13. 多面的痛楚。

註四　陳志明博士分子醫學研究室 (www.dr-balance.org.tw).

註五　Brack, Thomas, "Föhn macht Migräne: Mythos oder Wahrheit? ", Südostschweiz.ch (22.02.2014). 焚風造成偏頭痛：迷思還是事實？Der

Föhn (www.meteoschweiz.admin.ch). 焚風。

註六　Martin, Vincent & Vij, Brinder, "Diet and Headache: Part 1", The Journal of Head and Pace Pain Volume 56 (04.10.2016). 飲食與頭痛 : 第一部分。 Weniger Anfälle dank richtiger Ernährung, (www.blick.ch). 正確飲食少 發作。黃惠鈴，起司、香腸讓你偏頭痛，康健雜誌 78 期，2015 年 12 月 31 日。

註七　同註二。

註八　Agosti, Reto & Diener, Hans-Christoph & Limmroth, Volker, Migräne und Kopfschmerzen, (Basel: Karger, S Verlag 2015). 偏頭痛與頭痛。

其他生活小祕訣。

◎ 吃完烤起司後，小烤盤常沾黏難以清洗的起司。應當把烤盤浸泡於冷水一段時間，起司軟化之後便能輕鬆地清洗。(www.raclette-suisse.ch)

◎ 越新鮮的巧克力越是美味。通常夾心巧克力可存放六週，巧克力片六個月。勿與重味食物同放，避免存放於高溫、濕氣、光線照射之處。理想保存溫度為攝氏 16-18 度，忌置入冰箱冷藏，否則造成走味。(www.schoggi.ch)

◎ 含少量碳酸的啤酒味道平淡，太多則造成啤酒自瓶罐噴出，且飲用後胃部不適。(www.bierversuch.ch)

◎ 聚會上，瑞士人習慣於餐前喝氣泡酒 (Processco) 或香檳 (Champagner) 搭配小鹹食助興。飲用前，氣泡酒、香檳和白酒應置於冰箱或冰桶。若飲用未完畢，使用真空塞棒抽空空氣後保存於冰箱內。

◎ 並非所有的葡萄酒越陳越好喝。99% 的葡萄酒應盡快於五年內飲用完畢。10 Dinge die man über Wein wissen sollte (www.weinhauszug.ch).

◎ 含紅酒多酚的紅酒可以強化心臟，所富含的鐵質能改善或預防貧血。每天小酌一杯有益健康。Kohler, Marianne, "Anti-Aging-Food: So essen Sie sich jung", TagesAnzeiger (06.01.2011).

◎喝紅酒容易想睡，而白酒不會？紅酒多存放於常溫陰暗處，白酒置於冰箱冷藏。可能由於儲存溫度較高，人們飲用紅酒時，感受較強的酒精。基本上，儲存紅酒不應當超過攝氏 16 度。夏天必要時，可於飲用前短時間放置冰箱。Jeisy, Muriel, "Rotwein macht müde, Weisswein wach – Stimmt das? ", SRF (19.10.2014).

◎飲用添加紅牛、果汁、碳酸飲料等混酒時，因不易察覺狀況，容易在不自覺的情況下酒醉。Fee, "Energy-Drinks fördern Alkohol-Exzesse", 20min.ch (22.07.2014).

◎高酒精濃度烈酒忌諱橫著擺放，否則軟木塞蓋被慢慢侵蝕釋出異物，壞了一瓶好酒。

◎ 飲用酒精飲料的順序為：濃度低在先，濃度高在後。

◎ 酒足飯飽後，食起司能封胃。Salzmann, Christian, "Zuletzt der Käse oder das Dessert? ", SRF, (22.07.2014).

◎若吃得很撐，欲飲用咖啡時，最好選用黑咖啡，勿加奶球，否則會增加噁心感，導致嘔吐。

◎民間流傳可口可樂能舒緩肚子痛是真的嗎？事實上，可樂的高糖和高咖啡因對舒緩不適沒有幫助。腸胃不適時應當飲用大量的茶，如茴香或甘菊茶，可放入一撮鹽和兩茶匙的葡萄糖，或食用鹹餅乾、粥湯或白麵包。Kohler, Alexandra, "Cola hilft gegen Bauchweh", NZZ (16.11.2014).

2

CHAPTER

心理健康

瑞士人的快樂建築於家庭之上，當孩子生活在健全的家庭裡，有愛的擁抱，產生自信，在人生的道路上便有勇氣追尋夢想和面對挑戰。擁抱愛，相信愛，進而愛自己與信任社會！

心靈養生。
地表最不性感，但顧家的瑞士人

　　近幾年，瑞士在多項領域獲得全球最佳頭銜，二○一七年甚至被美國新聞與世界報導評比為「世界上最棒的國家」。這份調查中，瑞士於教育、資金、資產、信賴度與經濟穩定度拿到近滿分十分的高分。但某方面的分數卻相當難看，比如說經濟實惠方面零分（說句公道話，在瑞士不是什麼都貴），因中立國身分軍隊不強大（瑞士軍用小刀好用就好）、天氣不夠舒適（比南歐差點兒，但比北歐好多了！）、瑞士菜不太可口（明明烤起司、起司火鍋、馬鈴薯煎餅等很好吃！）。另外，包含在冒險特質的性感指數，優等生瑞士僅得區區一分，慘輸巴西、義大利、法國、西班牙等國，與北歐諸國榮登地表最不性感人類排行榜。（註一）

　　從時人票選全球五十大最性感男性與女性排行榜可看出端倪，

即使上榜多以英美籍好萊塢明星為主，仍不時出現義大利裔、西班牙裔、澳洲裔、南美裔，甚至丹麥裔面孔的人選，瑞士人卻連邊角頁面也上不了。即使瑞士年輕人打扮得比較活潑與新潮，但一般人穿著簡潔樸素，色彩少了變化，搭配缺少驚喜。尤其，當地新嬉皮風 (Hippies) 文化盛行，都會男女熱愛騎自行車，力行環保，吃素食，練瑜伽，女人素顏，男人留大鬍子，著寬鬆舒適的服飾，留一頭狂放不羈的髮型，如果手上再提幾個塑膠袋，就是街友了。

相對於性感指數，瑞士人卻在信賴度拔得頭籌。自小瑞士人被教導，舉止態度必須符合禮貌與得體 (anständig)。因為多禮，再加上樸實的性格，造就家族前幾代或現今務農的瑞士男子天然呆。缺乏調情說愛伎倆，令女人覺得無趣。要老實的瑞士人對陌生女子送秋波，跨越那道心理障礙，簡直比攀登歐洲屋脊少女峰還困難。當他們內心百般猶豫掙扎時，酒吧早已打烊了。相對常對他人放送「寶貝」、「我愛你」等甜言蜜語的熱情民族。對瑞士人而言，若心意尚未到達那種程度，連說聲「我喜歡你」(Ich habe Dich gerne) 也違背良心並有失禮教。通常，除非喝酒借膽或者人在國外，才敢大膽傳送曖昧訊息，享受調情樂趣。相反地，如果清醒的瑞士男卯起來對妳獻殷勤，很可能他正在認真地追求妳，想進一步認識妳，進而建立穩定的男女關係。

　　即使瑞士男女與情聖和調情高手扯不上關係，但信賴度指數卻有利於家庭生活。尤其婚後，他們往往以家庭為優先，經濟上精打細算，竭心盡力地為家庭付出。據我了解，許多瑞士丈夫對妻子忠誠（當然也有愛拈花惹草的），而瑞士太太則是萬能的超級家庭主婦（當然也有懶婦）。在我的生活圈裡許多瑞士婆婆精明幹練，打點生活面面俱到，處理家務顧及大小細節，例如家中打掃得晶亮，像哆啦 A 夢隨時變出必需品，能冷靜應變突發狀況，乃特優級家政婦之表現。自從聯合國發布參考壽命、收入、自由度、免於貪腐等綜合資料的「世界快樂報告 (World Happiness Report)」以來，每年瑞士總是名列前茅，甚至奪得二〇一五年世界最快樂國度頭銜。(註二)同時，瑞士國內調查結果也顯示一致性的事實，例如二〇一四年每日新聞報 (TagesAnzeiger) 調查顯示，72.3% 的受訪者對目前生活非常滿意。(註三) 二〇一五年針對 COOP 雜誌「你快樂嗎？」題目，54% 民眾認為自己非常快樂，44% 相當快樂。(註四)

根據多年前觀察者雜誌的快樂調查，「家庭、親人、寵物」是令瑞士人快樂的最大因素。(註五) 瑞士人在日常生活便透露了以家庭為重的心態。比如說，一般上班族七點多開始辦公，某些人僅花半小時解決午餐，以便下午四、五點下班回家。一個黑暗冬日，我得從蘇黎世鄉下搭乘六點多的火車回琉森，起初擔心火車站將冷冷清清，氣氛可能陰森恐怖，想不到月台上早站滿了人（確定是人），沿途的馬路也是車水馬龍。此外，瑞士人中午能就近回家吃午餐的，便回家與家人吃飯，晚上也在家下廚用餐。在特別的日子裡，家人製作甜點分送親友，獻上最真摯的情意。比方說，先生的舅舅自小愛吃媽媽烘焙的林茲蛋糕 (Linzer Torte)，即使今日已是阿公級老伯，媽媽年齡近一個世紀，生日時仍期望嚐到媽媽味，這個從不讓兒子失望的老媽級蛋糕皮酥餡軟，滋味最新鮮美味了。

　　瑞士人家招待親友的最高境界，不是去五星級餐廳用餐，而是以家庭為單位邀至家中吃飯，主人端出拿手好菜與最好的酒水招待。每年我家也舉辦幾回，光是鋪設餐桌就很費事，再一一端上餐前點心、開胃菜、主餐、甜點和聊天，好幾個小時下來累到未來一個禮拜不想進廚房。但是，宴客絕不是大人的權利，從小學習社交禮儀和技巧的瑞士幼童也流行邀請友人在家開生日派對。慶祝活動大都由父母主導策畫，即使累到趴，也希望帶給孩子和小賓客們喜悅。

　　「家事」是全家人的事。不少瑞士丈夫主動整理住家環境，丟垃圾，也包辦替孩子洗澡和換尿布的工作，甚至週末假期帶起小孩，讓平日悶於家務的妻子浮出水面吸點空氣。父母也放手讓孩子支援家事，甚至安排班表輪班工作。此外，瑞士男人上 DIY 量販店，自行裝修家具或家電是稀鬆平常的事。瑞士女人則喜歡逛家飾店，選購餐具、桌布、節慶裝飾等，依四季變化為住家打扮，增添氣氛。以上種種家事有個共同點：瑞士人不認為家人的貢獻是理所當然的，因此從不吝惜向付出的一方表達謝意。每天，我的婆婆為高齡母親準備三餐與下午茶，離開飯廳前，老阿嬤總是誠懇地對她女兒說：「Danke vielmals, Elisabeth!（多謝，伊莉莎白！）」如果丈夫換了家中馬桶蓋，妻子獻吻道謝也不奇怪。

　　衡量托兒所高昂費用以及家庭教育的重要性，多數瑞士婦女於產後當起全職媽媽。等孩子長大些，便身兼打工工作，一面照顧孩子，一面貼補家用。只要男女雙方達成共識，丈夫辭掉工作專職照顧孩子也不是怪事。我先生的一位好友 P，就是俗稱的奶爸，兩個女娃都是他親手帶大的。他時常推著嬰兒車購物，帶著孩子在公園

玩耍。小孩反而跟做全職工作的媽媽有點兒疏遠。只要小朋友感覺不開心或恐懼，她們首先呼喚的不是媽媽，而是爸爸 (Papi)……。奶爸現象呈增加趨勢，路上不時可見瑞士大男人們，一起推著嬰兒車在湖邊散步聊天的有趣畫面。（註六）其實，愛家的人最性感了！我也看見，瑞士人的快樂建築於家庭之上，當孩子生活在健全的家庭裡，有愛的擁抱，產生自信，在人生的道路上便有勇氣追尋夢想和面對挑戰。擁抱愛，相信愛，進而愛自己與信任社會！

註一　Best Countries (www.usnews.com) 最佳國度。

註二　歷年的瑞士世界快樂報告名次：2012 年第 6 名、2013 年第 3 名、2014 年第 3 名、2015 年第 1 名、2016 年 第 2 名、2017 年第 4 名。(http://worldhappiness.report/)

註三　Metzger, Anja, "Rezepte zum Glück", Tages-Anzeiger (12.11.2014). 快樂食譜。

註四　Délèze & Thierry, Degen, Christian & Schulte, René, "Glücklich, in der Schweiz zu sein", COOP Zeitung (20.07.2015). 住在瑞士好幸運。

註五　其他為嗜好、旅行、度假，天氣、氣候、夏天，工作，健康，孩子，生活、生活狀況，整體，朋友、同事、協會、鄰居等。

註六　2000 年全職奶爸比例為 1%，2016 年已翻倍成 2.2%。父母雙方皆做兼職工作以便輪流仕家照顧孩子的模式更是顯著，自 2000 年 3.5% 成長自 2016 年的 7.4%。DV, Doppelt so viele Väter bleiben zu Hause, 20min. ch (30.08.2016). 兩倍多的父親待在家裡。

▌快樂是件很容易的事。

你是否曾聽聞長輩帶著微笑說道，退休後買塊地當農夫是他的夢想？還是聽過親友眉飛色舞地描述心中的夢想，等孩子長大後要遊遍世界？我的好友Ｊ與我分享一則故事：她母親有位熱愛工作的好友，曾經嚷嚷著，等她再賺足一棟房子，就要飛去瑞士親眼目睹世界公園的美景。有天，朋友卻得到她突然罹患重症的噩耗……，而且極可能這輩子無緣實現夢想。如果做農和旅遊能帶來快樂，何不及時行樂呢？

根據觀察者雜誌「什麼讓你快樂？」調查，令瑞士人快樂的第二大因素就是「興趣、旅行、度假」。如果你問瑞士人他們的嗜好是什麼？鮮少只得到睡覺和看電視的答案。[註一]他們能洋洋灑灑如印表機列出滿滿興趣。根據二〇一四年瑞士統計局調查，瑞士人的最大嗜好依序為：與親友見面、休息放鬆、看電視、散步、騎單車、閱讀、園藝、看電影、運動、劇場、上課、派對、舞廳、製作音樂、繪畫等。[註二]

高達 85% 的瑞士人是業餘雜工或園丁，可謂人人是工匠與綠手指，逛自己動手做商店是他們的樂趣之一。[註三]瑞士境內密集林立 Coop Bau+Hobby、Migros Do- it+Garden、Landi、Jumbo、Hornbach、Bauhaus 等 DIY 量販店，滿足建築、園藝、電子等工藝勞作需要。這幾年，為了填補牆孔、組裝窗簾、安裝電燈、種植花草、立飛鏢座板等，我跟先生去這些商店消費不下數次。有一對好友夫婦則自行塗抹牆壁水泥（刮劃式美感）、上油漆、鋪地板石磚、製作家具與寵物木屋等。也耳聞，靠一己之力蓋小教堂和房屋的瑞士人，只差沒蓋天梯拜訪上帝去。有庭院的家庭，則在花圃種植羅勒、迷迭香、百里香等香草植物或栽種堅果和果樹。我婆婆常與我分享她院子裡的黑醋栗、覆盆子和無花果，我鄰居拿手的點心蘋果派便取材於自家蘋果樹。就算家裡沒有庭院，許多瑞士人把握陽光充足的日子在陽台上養花草，甚至租借市區花圃或者郊區的社區農圃 (Schrebergärten) 以滿足熊熊燃燒的農夫魂。(註四)

　　週末假期只要天氣許可，許多家庭便結伴出遊踏青，攜手帶孩子或牽毛小孩於河邊、湖邊或山中森林散步或騎單車。有幼童的家庭前往兒童農莊 (Kinderbauernhof) 近距離接觸農莊動物，或者在天然素材打造的遊戲場 (Seilpark) 遊玩。人們事先於家中準備三明治、飲料等小點心以就地野餐，或者戶外取柴烤起肉來。形式簡單、樸實、消費低，而快樂的感覺卻是如此踏實。不只踏青，境內短期觀光也非常流行，除了觀賞風景名勝和參與地方活動，瑞士人尤其偏好健行、騎自行車、水療和滑雪度假。熱愛旅遊的瑞士人幾乎抱持「無旅遊，毋寧死」的精神。衣服可以少買，餐館可以少上，就是不能不旅遊！雖然瑞士的整體社會富裕，仍有 6.6% 的人口生活於貧窮線下，即使政府的補助津貼保證他們的基本生活無虞，但面對媒體採訪時多多少少吐露「好久沒有度假了！」的心酸。此外，國外旅遊也非常盛行。我認識一位孩子已大學畢業的瑞士籍採購經理，早在成家前他便和當時的女友（現在的妻子），以背包客的方式窮遊諸國。我深刻體會，對於滿足心理快樂的需求，許多瑞士人不是口頭說說，而是身體力行。其實，做自己歡喜的事，只要條件允許，是沒有藉口去推託的。

　　瑞士人富有無比熱忱去製作季節和節慶裝飾。不少瑞士女生熱衷手作裝飾，比如說在森林散步時，順手拾撿天然素材，將之改造成獨特擺飾。許多女性也喜愛編織物品，尤其瑞士老奶奶熱愛棒打毛線。二〇一六年瑞士國鐵推出更新版的手機用時刻表系統時，廣告主角就是一位在車廂裡織物的老太太。她們多半手織愛孫使用的衣物配件，其他大如毛毯，小至蝴蝶裝飾，無物不織。部分瑞士人也積極參與年度民俗活動，有組織地花上半年時間製作獵聖誕老人的主教帽燈飾，剪裁設計狂歡節的服飾道具，以共同興趣結合眾人之力，每年推陳出新，呈現巧手工藝。二〇一七年二月琉森狂歡節我們鎮上推出一組戰鬥野豬花車，他們自去年八月起開始企劃製作，密集練習管樂音樂。為求細節完美不惜砸下重本，大型花車加上二十來人的面具、服飾與道具，總造價高達兩萬兩千瑞郎（合約新台幣六十五萬），逼真細緻度好比魔戒電影。

　　加入社團交流嗜好在瑞士非常普遍。我先生是鎮上的射擊協會會員，每年僅繳會費五十瑞郎（合約新台幣一千六百元），社團補助彈藥費，得以使用場地，參與活動、比賽和聚餐，通常每週聚會一次。我陪他參加幾回，因陽盛陰衰，氣氛陽剛，空氣充滿雄性激素。練習射靶後，我們圍桌喝飲料，以為要談什麼正經事，幾個大男人居然劈頭聊起鎮上多家餐廳的菜單，會長還自己爆料年輕時偷過墓地鮮花的蠢事，害我差點從椅子上跌下來。我發現，協會成員中有幾位單身漢，他們默默把時間與精力獻給組織，以便填補夜晚的空虛寂寞。所以，參與社團協會不僅可打發時間，精進技藝，還能拓展地方人際網，喚起社會歸屬感呢。

　　一堂德文課上，老師提問「聽到食物下熱鍋的ㄘㄘ聲，感受如何？」也許讀者跟我一樣，出現期待美食的欣喜。有位匈牙利籍同學卻表示這聲音讓她心煩，很顯然她不喜歡下廚，生活似乎不快樂。據了解，她原是會計事務所小主管，隨從事IT業的先生來瑞士居住，得放棄家鄉的事業無法在瑞士發揮所長，令她心生不滿，也對公婆探望他們的行為，覺得厭煩。快不快樂乃發自內心的主觀感覺，是自己的選擇，也只有自己能左右與改變。既然當初她願意隨夫婿前

來瑞士，也許應該調整心態，既然無法改變現實，怨天尤人也無法改變現況。如果換個角度想，我很珍惜在瑞士定居的機會（事實上，許多東歐人前仆後繼來瑞士生活），我要拋開過去把自己歸零，把德文學好與進修，努力融入社會，多多認識當地人，找份有趣的事做或打工，說不定得以重操舊業或者找到新方向呢。

這個由多元文化與活動組成的世界豐富有趣，找點樂子一點也不難。欣賞一盆花，收聽廣播音樂，窩在沙發裡閱讀書報皆是幸福。快樂是件很容易的事，掌握在你的手裡！

註一　根據國家通訊傳播委員會報告，2011 年台灣人每日收視三小時十分鐘。瑞士統計局調查 2014 年瑞士人每天收看電視兩小時八分鐘。Benz, Daniel & Homann, Birthe & Ruchti, Balz. "Glück Was macht glücklich? ", Beobachter 12/2009 (10.06.2009). 快樂，什麼製造快樂。

註二　Welche Hobbys haben die Schweizer? (www.kauftipp.ch 09.07.2014). 瑞士人有哪些嗜好。

註三　SDA, "Die Schweizer sind ein Volk von Heimwerkern und Gärtnern", Aargauerzeitung (08.08.2011). 瑞士是自己動手做與園丁民族。

註四　Fehlmann, V., "Herr und Frau Schweizer versorgen sich vom Balkon", 20min.ch (09.05.2016). 瑞士人照顧陽台。蘇黎世近郊兩百平方米含小木屋的社區農圃，年租金約瑞郎四百塊。

註五　The, "Jeder Zehnte kann sich keine Ferien leisten", 20min.ch (26.04.2016). 約 10% 瑞士人無法負擔假期，全歐洲人則高達 37%。

▌遍地開花的替代醫學。

　　身體不舒服時，你會看什麼醫生？我想，八成去西醫那裡掛號？現代的主流醫學源自十七世紀啟蒙時代的歐洲。在那之前，希臘時代至中古世紀的歐洲人普遍相信「體液學說」。他們認為，當人體的四種體液：血液、黏液、黃膽汁和黑膽汁失去平衡，便會引發疾病。中世紀文獻即記載：「健康的人不應該仰睡，否則身上的體液將偏離正常軌道，可能因此影響大腦、神經與腎臟……。」(註二)就現代人而言，這種骨董說法才是真正的脫軌，但現代醫學就能治百病嗎？

　　以科學基礎進行研究與治療的現代西醫，發展至今已成為醫學主流，但民間不斷流傳「吃西藥不好，因為會產生副作用」的說法。比方說，抗生素能有效抑制細菌滋生，但會產生耐藥性，使得日後治療變得棘手。具抗發炎作用的美國仙丹類固醇能導致月亮臉等副作用。以上有如跟魔鬼交易，讓你一時好過，但日後卻得加倍奉還。此外，西醫多半治標不治本，僅壓制病症，痊癒後的症狀可能再次復發，例如抗癌患者切除癌細胞後，幾年後可能再度發作或轉移至體內其他部位，或者化療導致患者身體虛弱。我也常聽聞親友提及，肌肉痠痛找按摩師，手腳脫臼見整骨師，中暑了去刮痧，受驚了去收驚，甚至有些人迷信偏方，選擇求神問卜吃符水呢。其實，瑞士也流傳吃西藥傷身的說法。為了避免服用西醫藥劑，不少瑞士人轉而向替代醫學諮詢，造成各種療法遍地開花。偶爾聽聞，因為試過的各種治療無效，逼得病入膏肓的瑞士人轉向靈媒求助。不論台灣或瑞士，絕望的病患皆可能做出病急而亂投醫的行為，這也是人性。
（註三）

　　根據發表於美國國家生物技術信息中心的論文，二〇一二年過去一年內約五分之一的瑞士人接受過替代醫學治療。（註四）其中以順勢療法居首位 (8.2%)，接著是自然療法 (7.7%)、整骨療法 (6.8%)、草藥學 (5%)、針灸 (4.9%)、指壓 (4.3%)、中醫傳統療法 (1.9%)、印度傳統療法 (0.9%)。其他尚有巴赫花精、芳香療法，以及日本傳入的靈氣等療法。（註五）以往瑞士的基礎醫療保險主要涵蓋正規西醫醫療。自二〇一七年五月起，針灸、中醫、草藥學、人智學和順勢療法等替代醫學也將納入強制的健保體系。這話題引起非常大的討論。負評者認為替代醫學僅具有類似正規醫學的療效，卻不符合科學邏輯，且臨床實驗無法充分證實效果。而這些科學無法解釋的現象，可能泛指與另一層次的精神和心理有關，故本章節將現代西醫以外的替代醫學歸類為心靈養生。（註六）

註一　　體液學說，維基百科。

註二　　著者：Archibald, Elizabeth P.，譯者：何玉方，《餐桌上的中世紀冷笑話：耶魯歷史學家破解古典歐洲怪誕生活》，(台北市：大寫出版，2016 年 9 月 12 日)，第 201 頁。

註三　　SDA, "Alternativmedizin ist weit verbreitet", NZZ (21.10.2013). 替代療法普遍化。

註四　　Klein, Sabine & Frei, Martin & Wolf, Ursula (2012). Twenty-three per cent of the Swiss adult population are using complementary medicine

(Unveröffentlicht). In: Day of Clinical Research. Bern. 14.11.2012. 23% 的
瑞士成年人正接受替代醫學療法。

註五　　 Sabine D. Klein, Sabine & Torchetti, Loredana & Frei-Erb, Martin & Wolf,
Ursula & M Lafrenie, Robert, Usage of Complementary Medicine in
Switzerland: Results of the Swiss Health Survey 2012 and Development
Since 2007. 在瑞士的替代醫學應用 : 自 2007 年的發展和 2012 年的健康調
查結果。

註六　　 Alternativmedizin, wikipedia 替代醫學。

▌以毒攻毒的順勢療法。

因工作關係，過去我常跑瑞士藥房與健康食品商店，常見貼著順勢療法標籤的瓶瓶罐罐，赫然發現「砒霜」也在其中。這真能服用嗎？

順勢療法 (Homöopathie) 乃十八世紀末德國山姆‧赫尼曼醫生 (Dr. Samuel Hahnemann) 所創造的治療學說。他曾納悶為何帶苦味的金雞納樹可治療瘧疾，但其他更苦的藥材卻無此療效。親身實驗後，他領略出食用金雞納樹能引發和瘧疾相同的發燒、盜汗、畏寒等徵狀。最後他體悟：「引發健康身體發出類似病徵的藥物，能治療患有此病的病患。」簡單來說，就是以同治同或者以毒攻毒。其實早在馬雅文化、希臘時代希波克拉底 (Hippokrates) 與中世紀的知名瑞士醫生帕拉塞爾斯 (Paracelsus) 便具有類似的治療理論。但不少病患抱怨服藥後，病症太快出現惡化傾向，故赫尼曼醫生發明以酒精等物質，稀釋植物、動物或礦物等材料的震盪處理法，以免過渡期病症加強過重。稀釋比例通常為一比十或一比一百，隨著病情發展得以不斷反覆稀釋。最後高稀釋倍數度等於沖淡原物質分子幾乎為零的程度，也幾無副作用。他解釋此階段療效昇華至「活力 (Lebenskraft)」的精神層面，喚醒人體本身的自癒力。根本已是超自然力量！

由於療法靠身體啟動免疫機制來消滅病原，故效果因個人體質而有所差異。順勢治療師開藥以前，不僅了解病徵，也關心病患的生活習慣和心靈狀態，舉凡睡眠、飲食喜好，甚至問怕不怕打雷等問題，有如做相親媒合身家調查，整個過程可能長達兩個小時。在瑞士，順勢療法主治感冒、頭痛、牙疼、失眠、花粉症、經期不順、腸胃不適等無立即危險病症。與現代西醫最大不同在於，即使症狀相同，並沒有人人適用的共通藥物，比如十個人求診治感冒咳嗽，依個人體質醫療師可能開立出十種不同藥方。開藥簡直比翻天書還難。（註一）因為順勢療法從培訓醫療師、開設診所至製作藥品自成一個體系，並在歐美的替代醫學市場占有一席之地，乍看以為是一種嚴謹的醫學學說。實際上，當代砲轟順勢療法的爭議持續不斷。主因為其兩百年前所創的原理與今日以現代科學和生物學為基礎的病理學相互違背，而且尚無有力證據證實順勢療法的療效。經典之例乃以乳糖稀釋製成的順勢製劑──實驗室檢測得出成分只含糖分，科學證明僅為安慰劑的小糖球 (Globuli)。依此理，身體感到不太舒服，去便利商店買糖果吃就好了？（註二）即使如此，德國人非常捧場自家發明的順勢療法，高達六成人口曾接受此療法治療呢。（註三）

　　順勢療法在發源國極為普遍，許多德國家庭存放家護順勢製劑以備不時之需。好友的德國先生 M 表示，小時候的他只要感到些微不適，他的母親便讓他服用順勢藥品。依親身體驗多回，藥到底有效沒效，二十多年來對他還是個謎……。套句俗話，可能他與此療法緣分不深。但是，我認識一位小時候是藥罐子的台灣太太，在瑞士接受順勢治療的她卻認為此療法治療感冒特別有一套。好友 M 生產後，瑞士醫師開給她兩種止痛劑，一般止痛劑以及十顆順勢小糖球。如果你是她，可能也不敢只吃小糖球止痛吧？我先生曾服用安眠順勢藥劑，當時達到昏昏欲睡的效果，而另外治偏頭痛的療效卻不佳。就在撰寫此文稿的同時，半夜裡我突然感到畏寒和肚痛，覺得噁心，食慾低落，既無嘔吐也無腹瀉，卻輕微發燒和全身無力。隔天早上，我的婆婆便帶著從藥房諮詢而來的順勢製劑：三號舒斯勒礦鹽錠 (Schüssler Salze)，將十顆鹽錠溶解於半公升茶水，叮嚀我一整天飲用或直接食用，另外在肚子外敷熱水袋。雖然科學上礦鹽錠無藥理作用，但幾個小時以內我的體力恢復神速，肚子不再疼痛，晚上便生龍活虎。我的先生不敢置信！太玄了吧，為何療效在我身上如此顯著？我開始有點相信順勢療法的超自然活力。（註四）

　　順勢療法接受的評價與考驗不斷，一個還比一個大條。生物學家克莉絲汀・威瑪爾 (Christian Weymayr) 認為，病人鉅細靡遺交代病痛與生活方式僅是類似發牢騷的舒緩方式，而小糖球只是安慰劑。此外，人體本身即具備療癒能力，舉凡睡眠充足、飲用熱茶或夜晚流汗可能使感冒、鼻炎、頭痛等症狀不藥而癒。所以順勢療效僅是湊巧路過發生而已。（註五）二〇一五年澳洲政府針對順勢療法發表重大研究成果，審查結果顯示，沒有可靠證據可證明，順勢療法比安慰劑更佳或跟其他治療一樣可改善健康，意即順勢療法僅是安慰劑。並建議，不應該依賴順勢療法取代被證實有效的醫療方式。（註六）針對此項研究，任職瑞士伯恩大學替代醫學機構的克勞斯・馮阿孟醫生 (Dr. Klaus von Ammon) 回應，部分研究指出順勢製劑的效果明顯優於安慰劑，而且順勢療法的效果並不能以今日的研究方式測得（因為很玄）。瑞士順勢療法協會代表摩根・塔勒 (Felix Morgenthaler) 表示，每日在順勢療法診療室可見對療效高度滿意的病患，他們可以證明，親身體驗的順勢療法具有真實療效。（註七）

即使順勢療法宣稱小糖球無副作用，二〇一七年二月卻傳出美國調查十起疑似嬰兒服用糖球後的死亡案件。此糖球乃以有毒植物顛茄 (Schwarze Tollkirsche) 為配方基礎，可能技術上的稀釋度不夠，所產生的高濃度導致意外發生。（註八）由於瑞士境內可得類似製劑，因此造成家長們的恐慌。瑞士醫藥管理局則聲明，目前並無類似案件發生。瑞士順勢藥廠 Similasan 更信誓旦旦地表示，在瑞士不太可能發生劑量失誤，因為製藥規則非常詳細與精確，每項步驟必須在多雙眼睛下控制與記錄。（註九）這種狀況，只要端出瑞士品質包準能滅火。

即使順勢療法的負評不斷，且澄清說詞的信服度薄弱，卻仍有不少瑞士死忠支持者。綜合說來，順勢療法不能完全取代主流西醫的正規治療。即使順勢療法號稱本身無害且無副作用，但仍存有風險，劑量控制可能不慎，尤其面對重症當作主要治療或多或少造成生命危險。充其量，只能當作輔助治療。千萬不能對性命開玩笑！

註一　　Curic, Anton, Homöopathie Die ganzheitliche Methode, (Köln: Helmut Lingen Verlag GmbH 2015), pp. 8-10. 順勢療法，全面性的理論。

註二　　專案組／台北報導，一分鐘讓您速懂順勢療法，蘋果日報 (20.07.2015)。

註三　　De Sombre, Steffen, "Homöopathische Arzneimittel 2014 Bekanntheit, Verwendung und Image", Institut für Demoskopie Allensbach, Bonn 20.10.2014. 順勢療法藥物 2014，認識，利用，圖像。

註四　　Biochemische Mineralstoffe nach Dr. Schüssler, Walter Käch, Tamas Media GmbH, Wettswil. 舒斯勒醫師的生化礦物質。

註五　　Preuk, Monika, "Gegen alle Vernunft: Warum Homöopathie „wirkt " ", Focus.de (18.07.2014). 理智線斷掉 : 為何順勢療法有效。

註六　　NHMRC Media Team, NHMRC releases statement and advice on homeopathy, NHMRC Media Release (11.03.2015). The review found no good quality, well-designed studies with enough participants to support the idea that homeopathy works better than a placebo, or causes health improvements equal to those of another treatment. 澳洲政府健康與醫學研究理事會發布順勢療法的研究報告。

註七　　Vogel, Thomas, "Glauben an Globuli", Blick. 相信小糖球。

註八　　Merlot, Julia, "Behörde prüft Todesfälle durch Homöopathie", Spiegel.de (23.02.2017). 美國有關當局檢驗順勢療法引起的死亡案件。

註九　　Müssen sich Schweizer Eltern Sorgen machen? ", Blick (23.02.2017). 瑞士家長需要擔心嗎？

▋ 以槲寄生治癌的人智醫學。

　　大家對台灣的華福德實驗幼兒園應該不陌生。在瑞士，華福德教育系統包含幼稚園、小學以及高中學。我先生任職公司的附近就有所華福德綜合學校，而我兩位朋友的先生 ME 和 MC 曾於德國、荷蘭和瑞士的華福德學校就學。這個以人智學為基礎的體制外教育系統重視創新能力、追求藝術以及工藝實作。在大學主修政治系的德國人 ME，斯文的學生外表下是位業餘木工，曾將破舊的海關木箱改裝成古典風格茶櫃，為瑞士鄉村手繪衣櫃加做拉式書桌，把森林原木打造成粗獷樸實的肉片裝盤，好手藝令人讚嘆不已。兩人的氣質皆文質彬彬，對人生抱持正面積極的態度，心靈強大足以面對考驗，如果哪天他們轉行當生命線導師，一點也不令人意外。

　　人智學除華福德教育之外，一九二〇年奧地利創辦人魯道夫·史代納博士 (Rudolf Steiner) 和薇格曼醫生 (Ita Maria Wegman) 也把觸角伸至醫學領域，一九二一年於瑞士阿勒斯海 (Arlesheim) 與德國司圖加特 (Stuttgart) 開設他們首家合作的人智醫學診所。(註一)今日人智醫學 (Anthroposophische Medizin) 已被應用於超過六十個國家，由於瑞士和德國與其發展有很深的淵源，目前也是人智醫學最興盛的兩個國家。(註二)

　　人智學的德文為「人類 (Anthropo)」與「智慧 (sophie)」兩字的結合。史代納博士提出人體四個面向 (身體、太體即生命力、星體即靈魂、自我)、植物、礦物與宇宙之間的關聯，比如水星、汞元素與肺臟有所相關。健康乃指身體、精神和心靈的平衡，與自然和宇宙的和諧關係，故治療過程為整體系統，不僅著重身體，也察覺精神、心靈和其他面向。人智醫學運用大量的自然療法，使用植物、礦物、動物或金屬等天然物質，尤其採取「順勢療法」作為主要療法。此外，也運用精神科學、節奏按摩、營養學和藝術治療。跟順勢學說如出一轍，他們認為治療目的在於激發身體自癒力，以自身力量治癒疾病。基本上，人智醫學應用於一般急性與慢性病症，但不適用於愛滋病、多發性硬化症、精神病等重症。(註三) 說實在話，此神祕醫學學說晦澀難懂，可能只有超智人「露西」能完全領悟。

　　較為人所知的人智醫學發明乃超過一世紀用來治療癌症的「槲寄生療法 (Misteltherapie)」。依據 Migros 雜誌報導，約七成的瑞士癌症患者於現代西醫之外也採行熱療法、細胞輸氧法、槲寄生療法、心理建設如消除恐懼與強化求生意志等替代療法。(註四) 當中，約 45% 的癌症患者同步使用醫療保險補助的槲寄生療法。在瑞士，只要病患有嘗試的意願，皆能接受槲寄生療法做為正規醫學的輔助。癌症患者須自行在肚子、大腿或靠近發病處施打槲寄生劑 (不能以服用方式吸收，否則消化液會破壞成分)，注射方式有如糖尿病患者施打胰島素，使用一週約三次，療程歷時五年。槲寄生提取物含有刺激患者體內內啡肽 (Endorphinen) 生成的蛋白質物質，藉此可緩解痛苦與舒緩情緒。依個人狀況和體質，能減輕手術、化療和放射療法後的身體不適，進而恢復食慾，停止體重掉落，改善睡眠品質。整體上幾乎無副作用並能增進生活品質。此外，高劑量可能殺死癌細胞並增強免疫系統。但是現代醫學批評，槲寄生療法從未做過雙盲試驗 (Doppelblindstudien)，只要存在此項科學證明的缺失，就不得視

槲寄生療法為抗癌方法。(註五)

　　值得注意的是，多年前有一位十二歲德國罹癌女孩經診斷接受化療後的存活率高過八成，其父母卻拒絕正規治療，反而採取槲寄生和飲食療法，不幸地同年女孩便撒手歸天。這案子讓我憶起未曾謀面的小姑。她熱愛大自然，登頂過馬特洪峰，熱衷異國文化和神祕事物。她於獲知罹患乳癌之際，直接放棄正規醫療資源。諮詢替代醫學時病況已嚴重，即使槲寄生療法使病情一度好轉，卻突然直落而下，狀況惡化後便離世了。當時我婆婆白髮人送黑髮人，是她心中永遠的痛！這些案例在在證明，現階段槲寄生療法無法完全取代正規醫學的癌症治療。做人千萬不能鐵齒。(註六)

　　人智學不僅創立教育和醫學學說，也發展美容健康事業。德語地區知名度頗高的薇莉達(WELEDA) 即人智醫學品牌。這家總部位在瑞士的公司，前身為史代納博士於一九二一年創建的人智醫學治療機構。發展至今，薇莉達產品上架全瑞士的美妝店和藥局，也在連鎖超市大量鋪貨。品牌宗旨呼應人智醫學平衡身心靈的精神，產品成分皆為天然物質，具療癒人心的舒適芳香，使用過程充滿了愉悅，將身體保養昇華至高層次的感知境界。如果慧根足夠，說不定可以感受到與自然和宇宙的和諧關係。

　　現代醫學透過科學方法把人體視為機器檢視，哪裡出了毛病，便修整哪裡以治療身體上的疾病。而醫院好比機械工廠，缺少了點人味，令人感到畏懼。人智醫學對健康的定義增加了心靈層面以及與自然和宇宙的連結，而這些又能為健康帶來多大的正面力量？這無法量化，也難以科學驗證，空靈的人智醫學有如神祕的信仰教派，有緣人才真能體會。

註一　Was ist Anthroposophische Medizin? (www.siam-schweiz.ch). 什麼是人智醫學。

註二　Anthroposophic Medicine (https://medsektion-goetheanum.org). 人智醫學。

註三　Lossau, Miriam, "Anthroposophische Medizin", gesundmed.de (01.2011). Anthroposophische Medizin, wikipedia 人智醫學。

註四　Fischer, Isabella, "Ergänzende Therapien bei Krebserkrankungen", MM-Ausgabe 36 (03.09.2012). 癌症的補充療法。

註五　Siegfried, Franca, "Das müssen Sie über die Therapie wissen", Blick. 您必須了解此療法。 維基百科解釋，在雙盲試驗中，受試驗的對象及研究人員並不知道哪些對象屬於對照組，哪些屬於實驗組。只有在所有資料都收集及分析過之後，研究人員才會知道實驗對象所屬組別，即解盲。

註六　Dpa, "Eltern müssen sich nach dem Krebstod ihrer Tochter vor Gericht verantworten", t-online.de (02.04.2014). 家長必須為女兒的癌症之死上法庭負責。

▌瑞士也有推拿整復療法。

在瑞士健行多次，我難以忘記在西西孔 (Sisikon) 的慘痛經驗：跌一大跤重摔屁股，站起來眼冒金星。之後，即使不再劇烈疼痛，有陣子我受久坐引發尾椎疼痛所苦，尤其飛回台灣的長程旅途中，更是發作到痛不堪忍。經媽媽和小妹的推薦下，我便接受生平第一次，以前只在電視上看過的整復療法。在整復師的巧手下，飛往瑞士的途中，尾椎居然完全不再疼痛。回到家後，我便興匆匆地跟先生分享經驗和療效，以為台灣的推拿整復是世界獨一無二的偉大發明。豈料，他淡定地回我：「喔！瑞士也有類似的療法喔。」是的，是我孤陋寡聞，原來瑞士也有徒手療法，經查它們叫做整骨療法 (Osteopathie) 與脊椎按摩療法 (Chiropraktik)。

不論台灣的推拿整復或瑞士的整骨與脊椎按摩療法，皆以詢問、察看以及輕壓觸診的方式了解不適所在。治療過程可能按摩背部或內臟，甚至扭轉頸部。東西方徒手療法最大相異點在於發源時間和治療理論。在台灣，大致可分為中醫系統的推拿以及民俗醫療的國術接骨。依文獻記載，秦漢以前即存在推拿。古稱「按摩」的推拿一詞首見於明朝。元朝的危亦林著有「世醫得效方」，第十八卷為論述治療骨頭、關節損傷與刀、槍、箭等器械傷害的正骨兼金鏃科，比如骨折復位法和整復骨骼脫臼。自古以來，人們在國術館練拳比武，外傷或骨折乃家常便飯，便發展出一套治跌打損傷的方法，故台灣民間國術館也為民眾服務推拿整復等民俗療法。(註一) 另外，推拿整復也結合中醫概念，以疏通經絡與舒展關節的方式，促進氣血循環與五臟六腑功能，達到治癒病痛的目的。

西元前埃及和巴比倫文化即以整理脊椎手法治療疾病。瑞士境內的整骨療法源於一八七四年由美國史迪爾醫師 (Andrew Taylor Still) 所創立的替代醫學。他認為，身體各部位如關節、四肢、內臟、結締組織、心臟律動、腸蠕動、腦脊液波動等功能相互影響，因此器官問題也會影響身體其他部位。以特定手法操作整復骨頭和關節，改善骨架與骨骼肌的靈活性，得以恢復血液循環與疏通神經，進而刺激身體的自癒能力。

而脊椎按摩療法技術則由帕爾默 (Daniel David Palmer) 於一八九五年創建。他提出，人體疾病乃源自造成神經系統異常的脊椎移位，而矯正脊椎可恢復身體的自癒力。脊椎按摩療法以手法或器材矯正人體的肌肉骨骼，尤其針對脊椎部位。（註二）綜合來說，整骨療法與脊椎按摩療法皆是徒手的治療方式。前者專注於包含體內器官的各種功能問題。適

用於功能障礙、慢性疼痛和偏頭痛，不適用於急性炎症與腫瘤等重症。後者專治肌肉骨骼系統，尤其脊椎部分。適用因不當姿勢、意外與疾病所產生的骨關節炎、椎間盤突出、髖部疼痛、坐骨神經痛、頸椎引發的頭痛、腰痛等後遺症，不適用於感染、嚴重的腦循環障礙、腫瘤等疾病。（註三）瑞士民眾對徒手療法的接受度頗高。根據二〇一六年的調查報告「是否接受過脊椎按摩療法？」，23% 受訪者回覆時常，25% 僅有一次，39% 目前尚不需要，僅 13% 不相信。（註四）在瑞士，不只成年、老人、幼童，甚至嬰兒也依狀況接受徒手診療。小寶寶的求診徵狀多為尖叫、抽筋或氣喘。連頂尖的瑞士單車選手與跑者，以及伯恩冰上曲棍球隊員也趨之若鶩，療程不僅減輕疼痛，也著重預防傷害。好比跟隨台灣國手的隨隊醫生中，即有擅長手法復位的中醫師呢。（註五）

　　徒手療法的成功例子不少。瑞士大報 NZZ 於二〇〇六年報導一件案例：小男孩康斯坦丁六歲時摔倒傷及頭部，此後即使喝大量的牛奶和積極運動，兩年之間的身高卻沒有變化。接受檢查後，醫生認為他缺少成長所需的賀爾蒙且應當接受注射治療。透過他母親友人的建議，康斯坦丁接受從未聽聞的整骨療法治療，便於擦傷處發現一條重要的激素腺受到兩塊骨頭壓迫。自從整骨師解開了封鎖，二十年後小男孩長成一百八十三公分高的大男生。即使整骨療法專門學校已發表不少論文，卻都達不到嚴謹的科學標準。瑞士整骨療法協會的魯地格 (Jörg Rüdiger) 承認，目前未有證據充分顯示整骨療法更勝於安慰劑的效果。但徒手療法與現代西醫為不同治療方法，因此不應當以學院派尺度衡量。實際上，整骨治療師清楚其替代醫學的定位，所以從未有取代正規西醫的念頭。(註六) 無論如何，不管整骨療法或脊椎按摩療法，在瑞士只有接受過專業訓練的醫務人員才能執行矯正。由於脊椎上布滿神經和血管，倘若治療師未受科班訓練或無充分相關背景知識，只要手法稍有誤差極可能造成病患中風、骨折或癱瘓，嚴重者死亡。

二〇一六年年初美國知名花花公子女模凱蒂‧玫 (Katie May) 接受脊椎按摩法調整脖子神經，數日後因頸內動脈閉合性損傷導致嚴重中風而香消玉殞，得年僅三十四歲。(註七)

接受徒手治療前，應當向治療師敘述健康狀況，方可辨識是否適合接受矯正。好的整脊師可以讓你上天堂，不好的讓你下地獄！因為具醫德的整脊師知道他的極限和能耐。此外接受矯正後，即使身體開始啟動自癒能力，接下來還得注意生活習慣並注意姿勢正確，才能避免毛病復發喔。(註八)

註一　台灣民俗療法之困境與發展——以推拿整復為例，陳文昌，高雄大學高階經營管理碩士在職專班，2013-07-25。

註二　Chiropraktik, wikipedia 脊椎按摩療法。Osteopathie, wikipedia 整骨療法。

Büchi, Sandra, "Osteopathie: Den Blutfluss verbessern", SRF (10.03.2016). 整骨療法：改善血路。

註三　"Manuelle Therapien: Physio, Chiro oder Osteo", SRF　(02.10.2012). 徒手療法：脊椎按摩或整骨。 Battaglia, Denise, "Schmerztherapie Nicht jede Hand behandelt gleich gut", Beobachter.ch. 並非每隻手能有效治痛。

註四 woz, "Playboy-Model stirbt wegen Chiropraktiker", 20minuten (21.10.2016). 花花公子女模死於脊椎按摩。

註五 Bachhofner, Urs, "Osteopathie – Heilen auf die sanfte Art", SRF (25.08.2014). 整骨療法以溫和方式治療。謝懿安，運動國手的中醫祕密，康健雜誌 210 期 (01.05.2016)。

註六 Jänz, Heike, "Heilen mit den Händen", NZZ (25.06.2006). 以手治療。

註七 同註四。

註八 謝曉雲，「喬」骨頭擺脫病痛？整脊5問，康健雜誌 2011-04-28.

▌瑞士人也信服的中醫療法。

瑞士各城市鄉鎮四處可見掛著 TCM 招牌的店面。TCM 乃中國傳統醫學 (Traditionelle chinesische Medizin) 的德文縮寫。另外，街頭看板和報紙雜誌的工商服務專頁也刊登許多中醫診所的廣告，主要介紹醫師背景、專治的各種大小病症以及提供如針灸、拔罐、推拿等服務。熱愛大自然的瑞士人崇尚自然療法，更不排斥中醫療法，二〇〇九年甚至以行動支持通過公投表決，將中醫列入基礎醫療保險。只要保有附加險，便可向保險公司申請報銷中醫診所的治療費用。（註一）自一九九六年瑞士出現第一家中醫診所 MediQi 以來，二〇〇九年瑞士中醫診所約有一千家，二〇一六年成長至一千五百多家。到底瑞士的中醫狀況如何？（註二）

瑞士中醫診所開業形式主要分為連鎖式和獨立式。通常每間診所配有一位中醫師和一位中文翻譯兼助理人員，或者一位接聽電話的祕書。除問診以外，也提供針灸、溫灸、推拿、拔罐、電療、中藥等治療服務。其中效果較快較佳的針灸是主打，也是最受瑞士人歡迎的療程。我先生曾為了抗壓接受過針灸療法，而我鄰居的先生因肌肉痠痛成為針灸常客。通常針灸療程以一小時計費一百五十瑞郎 (合算約新台幣四千八百塊)，跟洗牙收費相當。台灣中醫常使用的拔罐在瑞士的接受度較低。我在中醫診所工作時，曾遇到準備去加勒比海度假的瑞士婦人婉拒醫師的拔罐建議，轉而採取針灸治療。試想，擁有曼妙身材的比基尼女郎，在沙灘上曬性感，正面美艷動人，一轉過身，不明紅圓印記爬滿背部，馬上倒人胃口，正是她在意之處。

　　因先天因素、氣候環境與飲食習慣（多食沙拉、起司、肉類與甜點等），屬歐洲人種的瑞士人質量與台灣人大不同，比方說舌質多呈現可能被誤為氣虛和血虛的粉紅色，體質偏向寒濕，血管彈性好，性格大多開朗。(註三) 年輕病患多因運動傷害導致的肌肉關節疼痛而問診。常見的健康問題為服用避孕藥、激素以及手術所引發的後遺症，其他尚有氣喘、花粉症、高血壓、異位性皮膚炎、憂鬱症、

失眠症、慢性胃腸病、風濕關節炎、不孕症、月經失調、更年期不適等病症。(註四) 在瑞士執業多年的王旭東和蔣永光醫生皆異口同聲的表示，中醫對於瑞士人的療效要比華人好，可能瑞士人沒有使用中醫治療的背景，故身體對療法特別敏感。根據二〇一四年瑞士電視台 SRF 的線上調查，「是否遇過西醫無法醫治，卻由中醫治療成功的經歷？」高達 47% 的受訪民眾表示多次，12% 有過一次，41% 回覆從未有過。驗證以上醫師所言屬實。

(註五) 有位受更年期苦惱的四十五歲女士，因情緒波動和頭痛來中醫診所求治，經過幾回針灸治療後，有天她懷著十道鐵門都關不住的興奮，開心地宣告，停經四個月後，「那個」居然來了，頓時她的面容散發二十五歲姑娘般的光采。

　　既然中醫療效受到多數人肯定，在瑞士經營中醫診所事業應當一帆風順？事實上，現實存在某些狀況和問題：

(1) 資歷豐富和醫術頂尖的中醫師多半在中國和台灣等中醫發源地及興盛之地執醫。瑞士也存在不少優秀中醫師，但在人手短缺的狀況下，若要聘請中醫生，須以瑞士與歐盟公民為優先，如果遍尋不著人才，需出示證明，才能從第三國如中國或台灣聘請醫師。(註六)

(2) 診療和醫藥分家，診所不包藥也不發藥。中醫師診斷開立處方箋後，便連絡藥店下訂單，藥店完成藥方配製後直接寄藥予病患服用。這些藥品為專業廠商所製造的單一藥劑（既無中成藥，也無煲藥），由藥品管理機構 (Swissmedic) 執行嚴格的監管，經過層層檢驗後，才能於市場上銷售。當然，取自保育類動物的傳統中醫藥材如穿山甲、熊掌、虎鞭、虎骨、犀牛角等，在瑞士是嚴格禁止的。雖然在瑞士取藥有點麻煩，也無法取得效果不錯的煲藥，但至少藥品多了層品質保障。

(3) 中醫療程長且慢，整個過程大致分成三階段：一、前六至八次，得每週兩至三次至診所積極治療。二、每週一次治療，直到總計十五次。 三、每三、四週保養一次。

　　習慣西醫快速見效的瑞士民眾，接受中醫治療後也會希望見到立竿見影的效果，尤其體質改善方面，醫師亟需耐心的溝通。沒有耐心的病患，可能在見效之前便放棄治療了。

(4) 媒體不時報導瑞士人對中醫的高接受度，再加上近期納入基礎健保體系的優勢 (同時瑞士健保也漲價了)，不只瑞士人，華人更不會錯過投資機會，因此中醫診所如雨後春筍地開設。光八萬人口的琉森市就有超過六十家提供中醫手法治療的診所或醫院。醫療品質參差不齊，時有耳聞有業者抵擋不住競爭，被迫轉售診所或直接結束營業。雖然經營實屬不易，跟打地鼠一樣，即使一隻被打敗了，另一隻還是會竄出頭來挑戰。

　　目前，瑞士境內受官方承認的中醫學校約十二所。(註七) 為了提高替代醫學療法的品質，瑞士替代醫學執業機構 (Organisation der Arbeitswelt ALTERNATIVMEDIZIN SCHWEIZ) 於二〇一五年針對四大替代醫學翹楚——中國傳統醫學、歐洲傳統療法、順勢療法和印度傳統療法，制定聯邦能力檢定考試。四階段評量以官方語言會考筆試、口試與術科。(註八) 相關專業在校生必須參加此聯邦考試。未來極可能也要求中醫從業人員得通過評量考試。

　　中醫在解決許多疾病上有一定的成效，調理身體與增加免疫力方面更是有目共睹。(註九) 然而，中醫效果因人而異，例如，名為湯瑪士的男子曾在蘇黎世地區接受中醫治療，聽從了大夫建議，於外

耳貼上種子對抗花粉症，結果無效，就算試了針灸也行不通。(註十)
另外，中醫也不能治百病，對於心臟病、中風或癌症等重症治療有
其瓶頸，須仰賴西方現代醫學的醫術。好的中醫師認可現代醫學的
優點並與之合作，比如可發展減緩化療副作用的中西醫合併治療。(註
十一)

　　另外，我們以為中藥溫和不傷身，結果傷身的例子不計其數。
有位瑞士人服用中醫草藥後，出現肝中毒現象，得躺在醫院接受四
週排毒治療。一位英國婦人服用含馬兜鈴酸中藥後，失去腎臟並罹
患癌症。經英國藥品管理局調查，發現某些中藥製品含有有毒植物、
石綿、汞等重金屬或者強力西藥 (以增強效力) 等非法原料。(註十二)
任何治療都有風險，連中醫也不例外！

註一　　王旭東，中醫在瑞士，Swissinfo.ch (22.06.2011).

註二　　瑞士中醫藥概況：坦誠的瑞士人對中醫敞開胸懷，荷蘭華人中醫藥學會
www.tcmned.org 。

註三　　www.complemedis.ch 與 www.lian.ch。

註四　　王旭東，瑞士中醫的現況和存在問題，Swissinfo.ch (14.03.2015).

註五　　Blickenstorfer, Daniel, "Komplementärmedizin – Die Gleichstellung
hinkt", SRF (01.12.2014). 替代療法，平等滯後。

註六　　同註一。

註七　　瑞士職業機構：中國傳統醫學 (Schweizerische Berufsorganisation für
Traditionelle Chinesische Medizin) (www.sbo-tcm.ch).

註八　　Prüfungsordnung über die Höhere Fachprüfung für Naturheilpraktikerin

und Naturheilpraktiker (自然療法考試內容)
www.oda-am.ch/fileadmin/sites/oda/files/hoehere_fachpruefung/
QSK_NO_Pruefungsordnung_AM_150428_DE.pdf

註九 中醫在瑞士的現況及可持續發展的建議，李其英，瑞士洛桑北京中醫診所，
2016。

註十 traumann, Felix, "Die Traditionelle Chinesische Medizin ist in
Wirklichkeit ein Kunstprodukt", Tages-Anzeiger 26.05.2012. 中醫事實上
是一種藝術。

註十一 brah, "Traditionelle chinesische Medizin – Heute nicht mehr
wegzudenken", SRF (27.01.2016). 中醫──今天不能不考慮。

註十二 Chinese medicine has caused kidney failure and even cancer. So how
safe are these popular 'cures', dailymail.co.uk 02.03.2010. 同註十一。

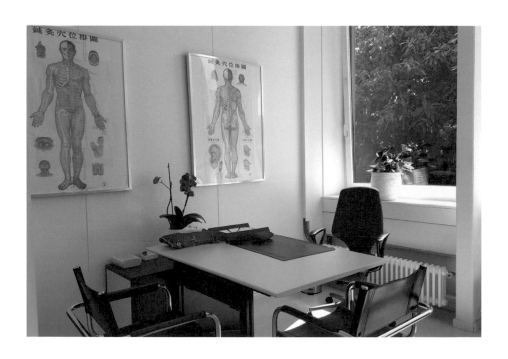

▌歷史悠久聞名全球的健康水療。

　　說到聞名全球的健康水療，也許讓你聯想到美國驚悚電影「救命解藥 (A Cure for Wellness)」的情節，男主角受命橫跨大西洋來到瑞士，至位於阿爾卑斯山的溫泉療養中心接回他的老闆，卻發現驚人的事實⋯⋯。雖然片中的健康機構灰暗恐怖，且大多數場景不在瑞士拍攝，仍然替瑞士水療打了另類廣告。早在兩千年前，羅馬人在瑞士和歐洲各地發現溫泉並建造浴池。今日蘇黎世老城區的溫泉巷 (Thermengasse) 保留了一千八百年前羅馬時代的浴池遺跡。好幾個世紀以來，無論貧富貴賤，瑞士水療中心吸引無數手術後或患風濕症的病人，連外國遊客也千里迢迢前來療養。

　　在中世紀，人們進入溫泉池前大都得洗淨身體。當時的溫泉療程長達四至六週，溫泉池不僅是療養場所，也是享樂之地。男人和女人共池，為了打發冗長的泡湯時間，大夥兒飲食、唱歌和嬉戲。(註一) 隨著十九世紀交通建設的蓬勃發展，水療旅遊也伴隨風行起來。文獻記錄，十九世紀初由於療養人數增多，水療中心曾立下服裝和禮節等規定，例如需著長汗衫、男士與女士分池、禁止潑水、吐口水、吹口哨、抽菸、進行宗教討論或其他不得體行為。人們僅能如水生植物呆坐，日復一日，安靜地浸泡池裡好幾個小時。第一日療程為一個小時，第二天兩個小時，以此類推至每日泡上八至十個小時，直到發出皮疹才罷休，為期至少四週，累積的汙垢可以搓出好幾個大力士太郎(註二)。水療客也可以日飲十公升溫泉水，進行飲水療法。當十九世紀末，第一批英國觀光客拜訪瑞士時，有些浴池已

具較寬鬆的規定，男女得以著衣共浴，不再禁止對話了。（註三）

　　二十一世紀的今天，現代人的泡湯習慣改變，不再總是拖著病痛的身體前往泉池，純粹只為了休息，因此不再安於靜態呆板等著長香菇的泡湯型態。瑞士溫泉鄉楚爾察赫旅遊局局長便表示，約於千禧年開始，許多瑞士人一年去好幾趟水療中心，只圖放鬆休憩，有益身心平衡。（註四）為了滿足民眾多元的需求，許多溫泉中心使出渾身解數大肆翻修，不僅提供傳統泡湯，也打造如主題樂園的綜合體驗池。除了大型溫泉泳池，尚有冷池、按摩區、水柱區、親子區、健身房、蒸汽浴、三溫暖、羅馬愛爾蘭浴等選擇。某些高級中心也注重細節，例如播放輕音樂，無限量提供新鮮水果、堅果、草本茶，蒸汽浴蒸煮阿爾卑斯山草藥。一般規定男女須著泳裝入池，僅三溫暖區需裸身進場。根據某台廣電節目報導，瑞士女性最想獲得的情人節禮物即健康水療中心禮券。無論一般水療或溫泉飯店，短期健康度假為常見的企業贈獎品項。根據 20 Minuten 問卷調查，僅 23% 受訪民眾尚未體驗水療假期，絕大多數喜愛泡湯。隨著運動和均衡飲食成為健康生活的趨勢，健康的水療活動不再是長輩的專利，越來越多年輕人徜徉於水療世界裡。他們和父母或跟交往對象結伴前往，或者與閨蜜相約在健康中心談心。（註五）

　　冬日漫漫黑夜令人心情沮喪，媒體不時提供大眾揮別冬季憂鬱症的祕訣，除了點蠟燭、開燈、親密擁抱、呼吸新鮮空氣，泡湯也是公認的壞心情解藥之一。利用水的物理特性，熱溫泉水能促進血液循環、新陳代謝、放鬆肌肉、軟化組織，水質若富含礦物質，更能進一步舒緩如關節炎等慢性關節疾病或過敏。(註六) 在瑞士，原出水溫度低於攝氏二十度，再加熱的泉池稱為礦物浴 (Mineralbad)，而其他高於二十度的才稱為溫泉浴 (Thermalbad)。琉森近郊位於瑞基山的瑞基冷浴即為礦泉浴，其露天池區的空氣清新，放眼望去盡是壯麗的阿爾卑斯山山脈和四林湖風光。冬季時，觸目所及盡是白雪覆蓋，甚至有機會與有如幸運之神緩緩降臨的飄落雪花同浴。(註七)

瑞士知名溫泉鄉有：

一、瓦萊州：

洛伊克巴德 (Leukerbad) 是阿爾卑斯山地區最大的溫泉度假地點。每日湧出三千九百萬公升，高溫達攝氏五十一度的溫泉，最早歷史可追溯至羅馬時代，自中世紀旅客便定期至當地休養。一八〇〇年時洛伊克巴德溫泉池被區分為：貴族、平民、窮人和痲瘋病患區，只有窮人得男女分池。世界名人如歌德、莫泊桑、馬克吐溫、畢卡索、列寧與卓別林等名人，皆曾體驗此溫泉，讚嘆近在咫尺的雄偉大山，忘我於天人合一境界裡。(註八)

拉偉 (Lavey-les-bains) 擁有瑞士最高溫的溫泉，攝氏約六十二至七十度。水質為硫酸氯化溫泉水，碘含量稍高，含有微量碳氫化合物和石灰。有益治療風濕性肌肉骨骼和皮膚病症。(註九)

二、聖加侖州：

一二四〇年獵人發現攝氏三十六點五度的**普費弗斯 (Bad Pfäfers)** 溫泉，後來本篤會修道院僧侶證實其療效。人們相信此泉

洛伊克巴德溫泉。照片來源：洛伊克巴德旅遊提供

能軟化肌膚以排解毒素，便不辭辛勞攀登梯子，乘坐繩索牽動的籃子，至峽谷深處的湧泉之地浸泡十日之久。一三五〇年人們於塔米納峽谷 (Tamina) 建造木造浴屋。瑞士宗教改革運動領導人烏利希‧慈運理 (Huldrych Zwingli) 曾是座上賓。今日，老普費弗斯是座博物館、餐廳和文化活動場所。

於一八七二年成立的**巴德拉加茲 (Bad Ragaz)** 塔米納溫泉乃歐洲最古早的室內溫泉泳池，泉水取自四公里遠的普費弗斯塔米納峽谷，一八四〇年以木造水管接連至當地。此室內溫泉曾經吸引尼采、托馬斯‧曼、維克多‧雨果等歐洲名人前來療養。(註十)

三、格勞賓登州：

一 八 五 三 年 聖 莫 里 茨 (St. Moritz) 毛 里 求 斯 泉 源 (MauritiusHeilquelle) 發現阿爾卑斯山地區的重大考古遺跡——西元前一四一一年凱爾特人的溫泉泡桶 (keltische Quellfassung)。挖空的落葉松樹幹裡發現銅器時代的兩把完整手柄劍、一塊劍的片段、一支匕首和一根針。約三千年後，一五三五年知名的瑞士醫生帕拉塞爾斯 (Paracelsus) 來到此地，稱讚水質具療效，能治療慢性皮膚病、痛風、風濕病、哮喘和神經紊亂。聖莫里茨的酸性礦泉水內含天然碳酸和大量鐵質，出水溫度約攝氏六度，如香檳冒泡，因鐵氧化，水質呈紅色。(註十一)

施庫爾 (Scuol) 泉水的出水溫度低於攝氏二十度，狹義上歸類為礦泉池。泉質含鎂和鈣等二十種以上礦物質。(註十二)

最早使用**瓦爾斯 (Vals)** 溫泉的文獻紀錄可追溯至十七世紀。出水溫度約攝氏三十度，水質清澈輕軟，帶點兒鹹味，富含細黏土和石灰岩。十九世紀初凱薩醫生 (J. A. Kaiser) 表示，瓦爾斯溫泉可以療癒煩躁、抽搐、四肢僵硬，對生疥瘡的感染肌膚具軟化與潤膚效果。(註十三)

四、 阿爾高州：

巴登 (Baden) 的德文原文代表浴池，是全瑞士礦物質最豐富的溫泉水。大約兩千年前，羅馬人在硫磺水的泉源地建造曾名震歐洲的溫泉所。西元六十九年，巴登溫泉浴場首度被羅馬歷史學家塔西圖斯提及，赫爾維希之泉便位於巴登。十八個出水口每天總共湧出約一百萬公升、攝氏四十六點五度的泉水。巴登溫泉具有舒緩情緒的功效，並應用於醫學治療。諾貝爾文學獎得主赫爾曼・赫塞 (Hermann Hesse) 因痛風和坐骨神經痛，曾前往去巴登療養三十次，甚至於一九二五年出版自傳體著作「溫泉療養客 (Kurgast: Aufzeichnungen von einer Badener Kur)」，以水療客的觀點，分享在巴登期間的所見所聞。(註十四)

溫泉水自一九六五年湧出，攝氏三十九點九度的**楚爾察赫 (Bad Zurzach)**，自一九六五年湧出，溫度有三十九點九度，可舒緩風濕性疾病和循環系統障礙，亦能飲用以治療肝膽和胃病。(註十五) 當地的溫泉客以老爺爺、老奶奶為主。

今日瑞士的健康事業發達，不僅以天然溫泉聞名，也以後天努力發展高水準的醫藥品質和醫療技術，吸引全球無數富豪前來旅遊療養，接受最先進的專業治療、戒癮、整形和整容手術。這些看中瑞士醫療品質的知名影視歌星、跨國公司高階經理和各國政府高級官員極度注重隱私，因此豪華診所絕不洩露客戶名單。然而，二〇一五年眼尖的媒體卻發現喬治・麥可 (George Michael) 在蘇黎世的屈斯納赫特實踐診所出沒。這家號稱世界上最貴的療養中心，一次僅接待一位病患，提供戒菸毒、戒賭博、戒性成癮，以及抗憂鬱、抗焦慮症、抗共依存症、抗進食障礙、抗職業倦怠等治療，二十八天的療程索價二十九萬瑞郎 (合算新台幣九百多萬)。(註十六) 富人真患有富貴病，我們普通人只要平安健康就省了新台幣近千萬啊。

瑞基冷泉。 照片來源：瑞基冷泉飯店提供

註一　Badesitten – damals in Baden Aus der Geschichte geplaudert, Info Baden.

註二　日本民間故事：老公公與老婆婆洗澡互相搓背，搓出來的汙垢居然變成一個小娃兒。這個娃兒長大後變成打鬼英雄，即大力士太郎。.

註三　Bews, Diccon, Slow Train to Switzerland, (London: N. Brealey Publishing, 10.2013), p.121. Alpenmythos und Medizin 03.2014. (www.zalp.ch).

註四　Compagno, Thomas, "Ruhepool", Coopzeitung, Nr. 43　(25.10.2016). 休憩池。

註五　sei, "Tiefenentspannung auf höchstem Niveau", 20minuten (29.11.2015). 最高層級的深度放鬆。 Ann, "Chillen im Spa liegt bei Millennials im Trend", 20minuten (13.10.2016). 年輕人愛泡湯。

註六　Thermalbad, wikipedia 溫泉。

註七　Mineralbad Rigikaltbad (www.mineralbad-rigikaltbad.ch) 瑞基冷浴。

註八　　History of Leuckerbad (www.leukerbad.ch) Hofmann, Heini, "Alpenmythos und Medizin", A R S M E D I C I Medizingeschichte 1.2004, p.31. 阿爾卑斯山神話與藥品。

註九　　Lavey les Bains, Das wärmste Thermalwasser der Schweiz (www. swisstherme.ch).

註十　　Thermalwasser seit 1242 (www.taminatherme.ch) Hofmann, Heini, "Alpenmythos und Medizin", A R S M E D I C I Medizingeschichte 1.2004, p.34. 阿爾卑斯山神話與藥品。

註十一　Heilquellen in St. Moritz, wikipedia 聖 莫 里 茨 溫 泉。Seiler, Pia, "Mineralwasser Wir sind an der Quelle", Beobachter 18/2015 (04.09.2015) 礦泉水，我們在泉源。

註十二　Bogn Engiadina Scuol, wikipedia 施庫爾溫泉。

註十三　Schumacher, Samuel, "Baden in der schönsten Therme der Welt", Blick. 在最美的溫泉泡湯。
　　　　Therme (www.vals.ch).

註十四　Badesitten – damals in Baden Aus der Geschichte geplaudert, Info Baden & Der Kurgast: Hesse-Lesung in Wiesbaden (www. hermannhesse.de). 泡湯習俗——聊當時巴登的歷史。

註十五　Glaubersalz-Quelle (www.badzurzach.info). 硫酸鈉泉源。

註十六　Gf, "Entzug in Zürcher Luxus-Klinik", Blick (26.12.2016). 在蘇黎世豪華的診所戒毒。 高 端 人 士 為 何 來 瑞 士 療 養，swissinfo.ch 09.11.2016。The Kusnacht Practice (www.kusnachtpractice.com) 屈斯納赫特實踐診所。

瑞士老奶奶的偏方。
抗喉嚨痛、支氣管炎、發燒、咳嗽、流鼻水

　　當囝仔的時候，因為媽媽擔心我和姊姊、妹妹半夜裡踢被子，所以睡前總是拿舊褲襪和涼被把我們的肚子如粽子般綑綁起來。我們便隨著綁帶跳芭蕾舞轉啊轉，就算睡姿再差也包準不會著涼。喉嚨不舒服時，媽媽讓我們含食鹽漱口，服用枇杷膏。牙疼了，便取臭藥丸仔（征露丸）填塞蛀牙。感冒初期，幫我們洗個熱水澡，包裹厚棉被出汗。應該不少人也體驗過，發燒時被媽媽或阿嬤以濕毛巾敷額頭退燒。在瑞士，不少家庭也世代保留老祖母的家護祕方，雞湯也被視為補品，尤其感冒虛弱時來碗雞湯，能增強體力和抵抗力。根據研究，雞湯含有抗發炎的蛋白質——半胱氨酸 (Cystein)，故能阻止引發白血球作祟的黏膜炎症與腫脹。瑞士人怎麼煮雞湯呢？

瑞士配方雞湯食譜：

材料：一隻小型煮湯專用雞、煮湯用蔬菜如紅蘿蔔、芹菜、大頭菜、
　　　香菜根，水、鹽、黑胡椒、麵條、香菜。

方法：水煮雞 2-3 個小時至軟化。丟入蔬菜丁，稍加烹煮保留脆度。
　　　同時，另外起一鍋煮麵，再加入雞湯裡。以鹽和黑胡椒調味，
　　　最後撒上新鮮香菜。亦可添加胡椒或薑塊同煮，效果更佳。(註
　　　一)

　　　其他的偏方千奇百怪，姑且不論是否效果顯著且符合科學邏
輯，讓我們來見識一番。

◎ 喉嚨痛

(1) 以鼠尾草漱口：把新鮮鼠尾草或四包鼠尾草茶連同一支肉桂棒丟
　　入一公升的水。水滾後，以小火煮十分鐘。澆入一百毫升白酒，
　　攪拌並過濾後，置入保溫瓶。每日以此漱口四至五次，持續三
　　至四天。

(2) 壓碎煮熟的馬鈴薯，包入布中，熱敷於脖子處。

(3) 吞冰牛奶。

(4) 以鹽水漱口。

◎ 支氣管炎

(1) 手帕塗滿奶油，再放於胸部、背部或纏繞頸部。

(2) 注意保暖。早晨與睡前飲用冰島苔蘚茶 (Isländisches Moss)。

(3) 取適量溫熱的凝乳 (Quark) 塗抹胸部和背部，待乾燥才清除。

◎ 發燒

(1) 穿浸醋的襪子降溫：兩食匙醋拌入一公升溫水。將剪成條狀的棉布浸入醋水，再稍微擰乾。把濕潤的棉條綑綁足部，高至小腿肚。穿上棉襪，再裹上毛巾。臥床大約十至二十分鐘。如果體溫仍舊過高，半小時至一小時後，再重複此療程。

(2) 就寢時，戴上蘿蔔切片 (Rettichscheiben) 項鍊過夜。

◎ 咳嗽

(1) 在杯子裡混合一顆切丁洋蔥和兩食匙蜂蜜。杯子置於冰箱幾個小時以後，將洋蔥去除，僅飲用蜂蜜水。

(2) 徵狀較嚴重時，取半公升水煮一顆洋蔥（不必切成碎丁），十五分鐘後添入四匙蜂蜜。熱飲服用。

(3) 飲用兩杯椴樹花茶 (Lindenblütentee)。

◎ 流鼻水

(1) 取微溫鹽水洗淨鼻子或將檸檬汁倒入手中，以鼻子吸之，每日兩至三次。

(2) 馬鈴薯連皮煮熟後，壓碎包入布中，再置於額頭或胸部上，直到馬鈴薯冷卻。

(3) 症狀初期，立即在鼻內塗抹微量的新鮮無鹽奶油。（註二）

　　早在中古世紀，鼠尾草、冰島苔蘚或椴樹花即被廣泛應用於對抗感冒，即使二十一世紀的今天也被阿嬤視為家護法寶。由於醋能促進血液循環、解熱、增強免疫系統，故發燒穿醋襪。一旦開始流鼻水，馬上在鼻內塗抹奶油可滋養和保護鼻黏膜，但可能

招致家中毛小孩狂舔鼻孔。此外，民間也使用效果相同的墨角蘭油
(Majoranbutter) 或茴芹油 (Anisbutter)，但後者的氣味不怎麼討
喜。舒緩支氣管炎的凝乳具冷卻效果，能促進排痰和抗炎。以馬鈴
薯熱敷頸部可治喉嚨痛，除了把身體當餐盤，肚子餓了，便順手吃
起來以外，據說有抗炎和鎮痛之效。此招跟十七世紀取新鮮溫熱的
綿羊小膽掛脖子具異曲同工之妙。但不斷宰殺綿羊取膽溫敷實在太
麻煩了，連阿嬤都嫌搞剛，難怪已被時代淘汰。(註三) 而富有實驗精
神的你，以上有幾個願意嘗試呢？

註一   Hausmittel gegen Husten, Schnupfen und Erkältung (www.familienleben.ch) 抗咳嗽、打噴嚏與感冒的偏方。Kobelt, Lina & Lutz, Juliane, "Hot Whisky und andere Hausmittel", Berner Zeitung (21.11.2011). 熱威士忌與其他偏方。

註二   Hausmittel aus Grosis Zeiten (www.srf.ch 2011/2012) 來自阿嬤時代的偏方。Grosis beste Hausmittel gegen Grippe (www.schweizer-illustrierte.ch 0(9.02.2015) 阿嬤抗感冒的最佳偏方。 Hausmittel Für vieles ist ein Kraut gewachsen (www.beobachter.ch 31.03.2016) 偏方：對許多人而言，一種草藥增長了。

註三   Wiedmer, Bettina, "So wirst du eine Erkältung schnell wieder los", Blick am Abend (05.11.2016). 如此你的感冒將消失。Aeschbach, Silvia, "Hausmittel wirken Wunder", Tages-Anzeiger (03.11.2016). 偏方有效。
Omas 18 Hausmittel gegen Bronchitis (www.juvalis.de) 奶奶的 18 種抗支氣管炎偏方。
Majoranbutter Anisbutter Majoranbutter bei Schnupfen? (www.erkaeltet.info) 墨角蘭對抗鼻炎有效？
Peters, Olaf, Oma hatte doch recht!, Stern (21.12.2006). 奶奶沒錯！
著者：Archibald, Elizabeth P.，譯者：何玉方，《餐桌上的中世紀冷笑話：耶魯歷史學家破解古典歐洲怪誕生活》，(台北市：大寫出版，2016 年 9 月 12 日)，第 244 頁。

▎吃土等於吃補。

在某場大型聚餐上，有一位瑞士媽媽與我相談甚歡，跟我分享許多人生故事，另外還主動傳授一項瑞士家用偏方，且一再地強調它的好用之處，頓時還以為她直銷這叫做「癒療泥土 (Heilerde 或 Tonerde)」的玩意呢。事實上，無關推銷，純屬個人推薦。

這種瑞士各大藥妝店、健康食品店和藥房皆有販售的泥土，標榜成分天然，外觀呈現乾粉狀，質地細緻，貌似黃土。實際上，癒療泥土乃源自冰河時期所生成的黃土，主要由矽酸鹽、方解石、長石、白雲石等組成，另外也富含地殼中的矽、鈣、鐵、鉀、鎂、鈉等礦物質。而且，早在我們祖母的祖母的祖母……，可能已經就地取材，進行泥土癒療了。

隨著礦物質比例的不同，便出現不同顏色的癒療泥土，並解決不同的問題。綜合來說，冷敷具冷卻效果，可舒緩蚊蟲叮咬、曬傷、風濕、跌打損傷和挫傷。而溫敷促進血液循環與新陳代謝，療癒關節疼痛、肌肉緊張、脊椎腰痛、消腫消炎等症狀。此外，不僅可治療人類，也適用於牛、馬等農莊動物，解決腳部腫脹或其他損傷問題。癒療泥土也具有黏合作用，能有效結合過量的酸和細菌以及其他有害物質，達到酸鹼中和的平衡。因此市面上也推出膠囊和顆粒產品，方便民眾以「吃土」的方式治療胃灼熱、腹脹、腹瀉等病況。甚至，也做為面膜和體霜等美容用品素材，改善青春痘、橘皮組織與水腫。(註一)

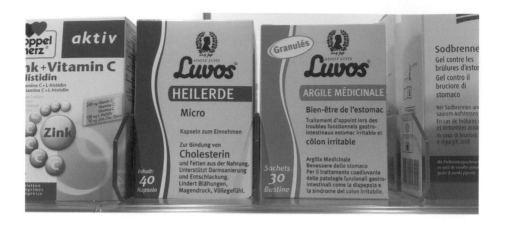

一般癒療泥土的使用方式：

　　取一個碗，混合水、醋酸 (Essigsäure) 和癒療泥土。將泥漿覆蓋患病處，待自然乾燥後，以清水沖洗，最後塗抹身體乳保濕。嫌麻煩的話，市面上亦有膏藥形式的酸鋁土藥膏 (Essigsaures Tonerde)。

　　即使無論內服或外用，臨床上顯示癒療泥土具正面的效果，但目前尚未獲得現代醫學承認的效果證明。因此吃土治病仍屬替代醫學領域，所以「吃土等於吃補」還是不可靠！（註二）

註一　　Luvos-Heilerde Produkte (www.luvos.de). 癒療泥土產品。

註二　　Matus, Michaela, "So wirkt das "Wundermittel" der Natur", focus.de (18.06.2016). 自然的神奇物質如此作用。

▎阿爾卑斯山特產，土撥鼠油。

　　最能代表瑞士的動物，除了農莊動物如牛與羊、國犬聖伯納犬，應該就是討人喜歡的土撥鼠了。

　　土撥鼠大多居住在海拔超過兩千公尺，例如瑞士國家公園和策馬特山區的阿爾卑斯山高原區。在格里姆瑟爾隘口 (Grimselpass)，千萬不能錯過能近距離觀察牠們嬉戲進食的土撥鼠公園 (Murmeltierpark)。（註一）幾年前在恩加丁國家公園健行時，我曾踏進牠們的地盤，聽見牠們發出啡啡啡的叫聲，警告大家「有陌生人

靠近中」，也親眼見過追逐玩耍的土撥鼠群。那一瞬間，如果接受「什麼是你最喜歡的動物？」的問卷調查，應該沒人不會回答土撥鼠的，也想立馬在紀念品店抱隻土撥鼠娃娃回家。但是，有些瑞士人卻以粗暴的手法對待牠們，不僅扒牠們的皮，吃牠們的肉，也取牠們的油，可愛的土撥鼠被利用殆盡，只剩下骨頭了。我們可以理解，土撥鼠的毛皮可以保暖，可能還有饕客喜歡牠帶強烈野騷味的肉質，但為何也取牠們的脂肪呢？

　　超過五個世紀以前，阿爾卑斯山居民便取用土撥鼠油。這些瑞士人的祖先將土撥鼠油塗抹於肌肉、關節等人體骨骼活動系統，因為民俗療法認為土撥鼠油可減輕發炎症狀並舒緩疼痛。現代研究即指出，土撥鼠脂肪含有類似可的松 (Cortison) 的天然物質：皮質類固醇 (Corticosteroide)，故能治療風濕性關節炎。(註二)

　　醫療知識發達以前，土撥鼠油脂曾經與熊油脂、胡兀鷲內臟 (治癲癇) 和熊膽 (治膽結石) 皆是阿爾卑斯山常見的動物藥材偏方。當時的山民甚至迷信羱羊 (Steinbock) 具有強大的力量，便依著吃什麼補什麼的清朝腦邏輯，大量取用羱羊的各種身體部位，例如角、心臟、骨髓、血液、毛髮、四肢、胃石和冠狀動脈口的骨化部分等製成藥品，也因此導致阿爾卑斯山羱羊曾於十九世紀初幾乎滅種。以上當中，如今市場碩果僅存的、合於法規的、工廠量產的，就只剩下土撥鼠油了。(註三) 現在，土撥鼠油不再是阿爾卑斯山的區域限定特產，各大瑞士藥局與 Otto's 平價超市也找得到這類產品。早期的土撥鼠油製品帶股臭味，經現代技術加工處理後，今日產品幾乎無怪味兒。此外，市面上不只供應高濃度與高價位的土撥鼠油藥品，也提供混合山松油、薄荷油等其他成分的平價土撥鼠油乳液。這款平價商品標榜增進血液循環與呵護敏感肌膚，當我使用它時，幾乎只聞到薄荷味了。我的血液循環是否改善了？可以確定的是，我的鼻子被薄荷嗆通了。

註一　Murmeltierpark Grimselpass （www.grimselpass.ch). 夏天每日開放，免費參觀。

註二　Deutsche Apotheker Zeitung, 128, Nr. 38/88, Forschungsbericht Hildebert Wagner und Dieter Nusser, Institut für Pharmazeutische Biologie der Universität München. Produkte aus wertvollem Murmeltierfett (www.puralpina.ch). 高價值的土撥鼠油產品。Murmeltiersalbe (www.pharmawiki.ch) 土撥鼠軟膏。

註三　Alpenmythos und Medizin 03.2014. (www.zalp.ch). Hofmann, Heini, "Alpenmythos und Medizin", A R S M E D I C I Medizingeschichte 1.2004, p.34. 阿爾卑斯山神話與藥品。Alpensteinbock, Wikipedia 阿爾卑斯山羱羊。

寧可信其有，不可信其無。
瑞士外婆的聖水。

　　我的台北外婆晨起後，總是拿把香在客廳的神明桌前拜拜，態度必恭必敬，口中念念有詞，一改平日大嗓門的模樣，聲調小聲再小聲，內容真只有神明能解讀了。最後，她將燃香插進香爐和門外的插管裡。看著白煙冉冉上升，搭配阿彌陀佛卡帶音樂，真以為心願進入老天爺的心坎裡了。先生外婆的住處，家門角落掛個聖水小缽，每當我結束拜訪，準備離開時，她常以食指從缽裡沾些水，往我的額頭點下去，再順手於空氣中畫上一個十字架。其實，在我身上畫再多個十字架，異教徒的身分還是不會改變。但是，誰不喜歡被祝福呢？

　　聖水乃被神職人員祝聖過的水，功能為洗禮、祈福與驅邪。為水祝聖的儀式通常在復活節舉行，其他日子亦可進行。週日的彌撒、受洗與喪禮皆有灑聖水儀式。通常聖水置於天主教教堂入口處，教徒進入和離開教堂時，以手蘸聖水，在胸前以手指由上往下，由左到右畫上十字架。另外，教堂也提供免費聖水供民眾帶回家祈福。這些信眾們的習慣跟瑞士外婆同出一轍，通常於踏出家門前，才會使用聖水，或者心情不安穩，有特殊感應時，便在住處灑聖水，以啟動保護模式，對抗邪惡力量。(註一)難怪每次被她點上聖水，心裡總覺得特別安心呢。

雖然聖水是免費的，但在瑞士居然有人做起販賣聖水的生意。

賣家在世界知名的聖地，例如以黑面聖母和華麗的巴洛克式建築聞名的瑞士艾因西德倫教堂、天主教會教宗駐地的梵諦岡教堂、方濟各會所在的義大利阿西西教堂 (Asissi) 蒐集聖水。每瓶兩百毫升裝，含運費售價瑞郎二十四塊 (約新台幣七百七十元)。(註二) 虔誠的信徒相信，聖地名聲越加威望，聖水法力越是無邊，跟台灣信徒在香火鼎盛的廟宇求平安符有相同之意。自從有宅配訂購服務後，信徒便不用大老遠跑去異地朝聖了。這跟印度郵局賣兩百毫升售價十五盧布 (合約新台幣七塊錢) 的恆河聖水 (Gangajal) 或台灣葉教授賣靈泉水是一樣的道理。(註三) 據說，可將普通的水加入聖水中，只要不占總量多數，仍可被視為聖水。你說這門生意好不好做？(註四)

聖水到底具不具有避邪功效？我那駕車沒耐性，偶爾開快車的先生說聖水很有效，似乎因此躲過幾回交通狀況，他邊講邊從型男皮革公事包拿出「一瓶兩百毫升的聖水」，一邊展示一邊讚賞，就是這瓶保平安啦，當場我看傻了眼。打從心底，我認為開車還是需要耐心，叮嚀他快車少開點，這比求聖水保佑實在許多。

註一　Weihwasser, wikipedia 聖水。

註二　Asissi, wikipedia 阿西西。網購聖水 (www.weihwasserversand.ch)。

註三　India offers Ganges holy water by post, www.bbc.com (13.07.2016). 印度郵政供應聖水。

註四　聖水，維基百科。

█ 説了大話，得敲木頭三次。

記得婚前跟先生約會的頭幾次，發現他有個怪異的舉動。如果他說了正面的大話，例如「今年我還沒有感冒過。」、「我的家族擁有長壽基因。」等等，他的手便立即緊握成拳頭狀，向木桌敲三次響聲。後來，我得知此舉可延續好運，避免帶來反效果的壞運，就很「假會」的往木桌敲了五次還是六次，結果被取笑畫虎不成反類犬。

為什麼說大話得握拳敲木頭呢？古時候，水手為了了解船況，會在船杆腳上敲木頭。礦工也會敲用來支撐坑道的木柱來判斷狀況。聲響清亮表示乾燥平穩狀況佳，假如聽起來沉悶，木頭可能已經濕爛了。後來，當人們描述他們的好運是多麼好時，怕招惡靈忌妒，導致被惡作劇，所以講大話的同時或之後必須敲敲木頭（古人多住木屋），如此惡靈就聽不見了。（惡靈的聽力有這麼糟糕嗎？）(註一)

另外一種說法是，以一般木頭代替早期住著善靈的家樹，透過敲擊的方式人們可與善靈聯繫並獲得保庇，或者藉此可以驅逐惡靈。敲三次，因為宗教上三是神聖數字。(註二) 在瑞士，還有另外兩種說法：凱爾特人以觸摸樹木的方式擺脫惡靈。宗教上則解釋，觸摸木製的耶穌十字架可帶來好運與恩典。(註三)

無論何種緣由，民間相信敲木頭是很好的避邪方法。說了大話得敲木頭以維持好運的習俗其實不只存在於瑞士，連伊朗、埃及、克羅埃西亞、塞爾維亞、波蘭、俄羅斯、西班牙等國也有類似的迷

信。某些國家如印尼、馬來西亞、羅馬尼亞、希臘、黎巴嫩等的內容觀點相反，反而是「說了惡事」之後，為了避免烏鴉嘴成真，得敲敲木頭。(註四) 這麼多國家具有以敲木頭來保持好運和避免惡運的習俗，未免也太巧了。下次在瑞士用餐喝咖啡，看見有人說話說到一半敲木桌或急著找鄰近的木頭敲時，請別太訝異。個人倒認為，敲敲木頭可能請不到神明，反而把蛀木蟲給敲醒了！

註一　Auf Holz klopfen, wikipedia 敲木頭。

註二　Kettmeir, Chiara, "Die 9 populärsten Aberglauben und ihre Herkunft", Blick am Abend (13.11.2015). 九種最受歡迎的迷信與來由。

註三　同註 1。

註四　Knocking on wood, wikipedia 敲木頭。

▌黑貓帶惡運之說。

　　在瑞士，貓被當狗養，許多家貓可以自由進出家門、庭院與戶外。在鄉間，時常可見貓兒悠閒自在地穿梭於草坪與花叢之間，甚至淡定地穿越馬路，掩藏不住貓老大的氣勢。每當白腳黑貓在眼前出現，我的婆婆便掩藏不住對牠們的喜愛。總是開心地驚呼：「喔，你瞧瞧，牠那白腳就像白襪子一樣，真是可愛透頂了。」白襪黑貓在瑞士可是非常討喜，但我腦海裡總是浮現台灣的民間信仰：「黑貓會帶來惡運，尤其是白腳的。」猶記得，小時候鄉下常見被遺棄的黑色野貓，牠們多半擁有白色的腳……。當時正流行殭屍片，國小同學之間流傳著駭人聽聞的謠言，喪家千萬別讓貓接近停棺，假如貓兒跳過了棺木，往生者便會馬上跳起來，變成殭屍追著你跑……。

巧合的是，瑞士的民間迷信也認為黑貓在眼前穿越會招來壞運。這種跟台灣相同的迷思可追溯至民智未開的中古世紀。當時凡具有草藥等知識的婦人，皆被指控為巫婆，其中不少人養貓，因此黑貓被視為巫婆的隨從，甚至是巫婆的化身。為了破解劫數，巧遇黑貓的倒楣人應該在貓的足跡上丟入三顆石頭，或者在一個石塊上吐上口水。（註一）想必，中世紀人出遊時不敢亂坐在石塊上。

別稱喵星人的貓咪，動作敏捷，身體柔軟，平衡感佳，腳掌具厚實肉墊。若受傷了，牠們以舔傷口和發出音波的方式癒療自己（註二）， 也常在幾乎釀成車禍的現場，千鈞一髮之際死裡逃生，或者從高樓摔落卻毫髮無傷。因此中文與英文皆有「九命貓」(The cat has nine lives.) 的字詞。而瑞士則有「貓有七條命」(Die Katze hat sieben Leben.)，意即七命貓的句子來形容貓擁有強韌的生命力。

其實，我身邊的瑞士人幾乎沒人相信這個迷思。但是，出門如果遇上了黑貓，該怎麼辦呢？話說，我家附近常有隻黑貓出沒，我三不五時在路上遇到牠呢……。奉勸大家維持一樣的安全敏銳度，如往常快快樂樂的出門，平平安安的回家！

註一　Class, Vincent,"13 Fakten zum Freitag dem 13",blick.ch. 十三號星期五的十三個真相。

註二　科學家破解 "貓有九命",www.epochtimes.com (26.03.2001).

▌打噴嚏後要說「健康」。

大學主修德文時，某天課堂上教授講述，德國人打噴嚏後要說「健康 (Gesundheit)」。當時心裡納悶著，感冒的症狀如此多，為什麼咳嗽和擤鼻涕沒有受到這般的特殊禮遇呢？

來到瑞士後，我才發現德語區瑞士人也有相同的習慣。如果我出門在外打噴嚏，鄰座的陌生人也會送上這種關心。在家裡打噴嚏時，有如反射動作般熟練與迅速，我的先生便馬上對我遞上健康兩字。反之，如果他打噴嚏，則理所當然的等我說出健康一詞。假如我在隔壁房間裡沒有出聲，他便像瘋子一樣對自己道聲健康，好像沒說會發生什麼事。然而，去年春天我患了花粉症，突然打了好幾個連環噴嚏，他便偷懶只說兩聲健康了。

為什麼瑞士人打噴嚏後要說健康呢？中世紀以來，歐洲爆發多次鼠疫大流行，當時大約 30%—60% 的歐洲人死於這個令人聞風喪膽的疾病。據說，打噴嚏正是黑死病的初期徵狀，而咳嗽只被視為輕度的危險。後來演變成，迷信者以為打噴嚏後講吉祥話「健康」，便可降低患病的可能性。（註一）

其實，打噴嚏後講吉祥話的習俗也出現在非德語地區，例如法國人和瑞士法語區人也說「健康 (santé)」，在英國人們說「願主保佑你 (Bless you)」，西班牙文講「耶穌 (Jesús)」。（註二）黑死病大流行已是幾百年前的事，即使現代醫學進步，鼠疫幾乎已絕跡，多數瑞士人仍維持老祖宗的習慣。個人認為，說「健康」吉祥話算是舉手之勞的善舉，可為心理帶來正面能量。下次有人在你面前打噴嚏，試試看說聲「祝你健康」，好人緣指數會馬上提升喔。

註一　　Niesen, wikipedia 打噴嚏。 黑死病，維基百科。

註二　　Gathany, James, "Der "Gesundheit!" - Segen und sein Ursprung", domradio.de (08.11.2015).

▌ 長牙的嬰兒佩戴琥珀項鍊。

在瑞士拜訪喜獲新生兒的友人，每次看著可愛的寶寶入神，我的目光卻不禁投向孩子脖子上的項鍊。串珠大小如珍珠，形狀不規則，色澤呈黃橘帶褐色，近距離一瞧，才發現是串「琥珀」。為什麼家長讓小娃兒佩戴寶石呢？這麼小的孩子就需要炫目的裝飾品嗎？後來經朋友解釋才知道，小寶寶發牙時常感到不舒服甚至疼痛，造成流口水和壞心情，而佩戴琥珀項鍊能減緩不適症狀。

為什麼琥珀項鍊具有療效呢？據說，寶石接觸寶寶的體溫會在皮膚釋放微微琥珀酸(Bernsteinsäure)。(註一)琥珀酸能加速癒合速度，減輕肌肉疼痛、喉嚨發炎、耳朵感染與呼吸道疾病，治療絞痛，減少胃酸逆流，改善濕疹與心臟、肝、腎、腸等功能。除了琥珀以外，榛果

木亦可中和體內過多的酸性物質，治療喉嚨痛、胃酸過多，減輕牙疼，積極解決如牛皮癬、濕疹和痤瘡等皮膚問題。因此榛木也可充當琥珀，用來減輕嬰兒牙疼。(註二) 石頭癒療師則建議，佩戴琥珀時，應與皮膚直接貼合。由於關係到個人的傳輸鏈振動，每個孩子應有自己專屬的項鍊。(註三)

但是嬰兒戴琥珀項鍊真能減輕疼痛嗎？慕尼黑兒科醫師彼得‧提勒曼 (Dr. Peter Tilemann) 表示，目前尚無正式研究證實琥珀具此功效，因此並不建議使用。(小寶寶尚未有言語能力，難以在實驗中證明效果) 然而，他總是聽聞，有些家長觀察孩子的反應，認為琥珀確實具有療效。(註四)

讓嬰兒戴琥珀項鍊以減輕長牙不適好嗎？我想，無論如何，這個方式比中世紀的偏方好多了。十五世紀的孕婦飲食調理一書記載，可在寶寶牙齦上塗抹野兔的大腦、母雞的脂肪、狗的乳汁、奶油或優質橄欖油，並按摩牙床，每天兩次。(註五) 其實按摩牙床是相當現代的觀念，但除了奶油與橄欖油等潤滑劑以外，其他就別跟古人認真了。

無論如何，當寶寶牙疼，若試了按摩牙齦、冷敷牙齦、咬磨牙棒、咀嚼、以抱寶寶和玩遊戲的方式轉移注意力等方法，仍效果不滿意的話 (註六)，不妨試一試佩戴琥珀項鍊。若決定讓寶寶戴琥珀項鍊，請注意是否鍊子有造成窒息的可能。也許改戴手鍊會比較保險，或者把大顆琥珀垂掛在嬰兒床上寶寶頭部的高度，但這樣便無法靠近疼痛源或接觸肌膚了。也許讓小寶貝睡榛木床是不錯的方式！

註一   Bernsteinsäure (www.chemie.de) 琥珀酸。

註二   Zentrum der Gesundheit, "Schmerzen beim Zahnen natürlich lindern", zentrum-der-gesundheit.de (03.08.2016). 自然緩解牙疼。

註三   BH, "Helfen Bernsteinketten gegen die Schmerzen, wenn mein Baby zahnt? ", swissmom.ch (08.2016). 當寶寶牙疼，琥珀項鍊能對抗疼痛嗎？

註四   Börger, Christiane, "Eine Bernsteinkette gegen Babys Zahnweh? ", (www.eltern.de). 琥珀項鍊抗寶寶牙疼？

註五   著者：Archibald, Elizabeth P.，譯者：何玉方，《餐桌上的中世紀冷笑話：耶魯歷史學家破解古典歐洲怪誕生活》，(台北市：大寫出版，2016 年 9 月 12 日)，第 236 頁。

註六   同註二。

▌製造聲響驅趕壞東西。

　　每逢十一月至十二月初，住家社區不時傳出類似沖天炮高速飛射至空中與水鴛鴦炮擊地面的聲響。這一連串的咻咻與啪啪聲，恍如回到兒時過年放炮的錯覺。可是，這陣噪音背後還外加不尋常的低沉的銅鈴撞擊聲，隆、隆、隆、隆……。十二月六日聖尼古拉斯節當日聲響更是頻繁，我越想越覺得不對勁，何來這古怪的聲音呢？走近窗戶一看，發現著紅長袍、戴主教帽、蓄長白鬍鬚與持手杖的紅色聖誕老人 (Samichlau) 和他穿深色長袍蓄深色鬍子的恐怖助手，又稱黑色聖誕老人 (Schmutzli) 帶著搖鈴人 (Greifler, Tychler) 和甩鞭者 (Geisslechlöpfer) 拜訪近處的一戶家庭。拜訪儀式中，聖誕老人和其助手鉅細靡遺地說出，小朋友今年做了什麼好事和壞事（由父母事先擬稿）。傳統上，紅色聖誕老人扮演慈祥老者，而黑色聖誕老人專扮不討喜的黑臉角色。過去總有些調皮的大孩子帶著挑釁的意味在屋外喊叫：「黑色聖誕老人，給我出來！」接著，可能是足球員裝扮的黑色聖誕老人衝出去，追打這些討打的孩子直到瘀青呢。先生小時候，婆婆曾經訂購這種服務。當黑色聖誕老人一行人出現在門口，他和哥哥便在門內使勁全力把他們擋在外頭，不准他們踏進家裡一步，甚至因此驚嚇過度而嚎啕大哭至聲嘶力竭，此後婆婆便不敢請他們上門了。現今瑞士的社會重視孩童保護，如果黑色聖誕老人再驚嚇和追打小孩，八成會被家長告呢。

　　「甩鞭子打地面」與「搖鐘鈴」活動乃遍及阿爾卑斯山以北瑞士德語區的風俗，各地細節略微不同，但通常在聖尼古拉斯季節舉行，即十一月三日至十二月七日。(註一) 除了聖尼古拉斯季以外，搖鐘鈴活動亦出現於聯邦鐘鈴大會師、除夕夜、狂歡節和體育賽事等慶典。(註二) 其中最知名的應屬施維茲州屈斯納赫特 (Küssnacht am Rigi) 每年於十二月五日前後，晚上八點十五分開始舉行的「獵聖誕老人 (Klausjagen)」遊行。Klausjagen，德文直譯為獵聖誕老人，其實是趕惡靈的儀式。獵聖誕老人遊行隊伍由上千名著牧羊人白上衣的甩鞭人、搖鐘鈴人、吹號角人與戴主教帽者 (Iffelen) 組成。戴主教帽者於黑夜裡小步行走與徐徐轉圈，頭頂著由紙板和絲紙製成，內燃蠟燭，外觀如彩繪玻璃般璀璨的精緻裝飾帽是慶典中的亮點。而背景揮鞭咻咻和搖鐘隆隆聲添增了鬼魅氣息，令人感到毛骨悚然，錯覺以為置身於異度空間。雖無文獻記載，但民俗專家認為，這是老祖宗留下來的祈福儀式。(註三) 入冬後，晝短夜長令先人感到害怕，因此點火炬照亮黑暗，並製造聲響趕走恐懼，跟走夜路得唱歌的道理相當。早在基督教世界以前，漫長冬夜裡古日耳曼人便以製造各

種噪音和聲響的方式驅逐「壞東西」，例如在果樹區以搖鐘鈴和甩鞭子方式祈福，以期下個年度作物大豐收，算是另類的豐年祭。(註四)

　　其實「教堂鐘聲」也是製造聲響祈福的經典之一。古歐洲人為了驅逐妖魔鬼怪，以吹口哨、吹牛角、吹海螺、搖鐘鈴、甩鞭子、打鼓等方式製造噪音。他們相信聲音越是響亮，效果越是巨大，認為鐘聲最具穿透力，使得惡魔和女巫無法施展法力，所以鐘成為最重要的祈福器具，之後也轉變成護身符，比如為幼童和動物繫鈴可避邪。後經演變，大約中世紀起教堂定時在塔頂敲起鐘聲，擴大嚇阻惡魔對世人的侵擾。現在，幾乎每個瑞士城市與村落坐落一座或好幾座教堂，約每一刻或一小時敲鐘一次，帶給心中無限平靜與和平。(註五) 另外，瑞士傳統婚禮習俗之一，在禮車尾端掛串罐頭，於行進中製造噪音，也是出自驅趕惡靈的典故。(註六) 以上是否也令你聯想，台灣過年放鞭炮和敲鑼打鼓趕年獸的傳統呢？而且台灣也有敲鐘祈福的習俗呢！

　　綜合以上，製造聲響真能帶來福氣？遠古流傳下來的習俗有其背景和典故，重點在於帶給心中無比力量去面對不安。瑞士德文有句俗語 《Glaube macht selig》（信仰施予祝福）(註七)，即信念能給予心理上的支持，發揮類似安慰劑的效果。即使如此，千萬別隨心所欲地製造噪音。事實上，部分瑞士人認為教堂鐘聲干擾睡眠和作息，因此敲鐘規範統一由各地公所民主式地管理。根據一七三二年屈斯納赫特議會紀錄，獵聖誕老人活動曾因過於喧鬧、壞孩子惹事等過激行為影響居民安寧而遭禁止。直至一九二八年才在組織管理下重新上路。(註八) 琉森警察局公開呼籲，甩鞭活動得顧慮鄰居，避開醫院和老人住宅區，當心路人，且遵守中午 (12:00-13:00)、晚上 (22:00-08:00) 與週日假期 (14:00-08:00) 的休息時間。(註九)

　　想像一下，往地面甩鞭子的音量將近一百分貝，如果聽見密集的啪啪啪響，為了保住耳朵，你應該寧可把福氣往外推，趕快投訴別再打了。

註一　Trycheln, wikipedia 搖鈴人。pd/uus, "Geisslechlöpfe – aber ohne Ärger", Luzerner Zeitung (31.10.2014). 甩鞭，但不惹怒。

註二　同註一。

註三　Bricker, Elisa, "Sie vertreiben Geister und arme Seelen", Luzerner Zeitung (07.01.2016). 他們驅趕惡靈與可憐的靈魂。

註四　Traditionen pflegen heisst Glut weitergeben (www.zeitlupe.ch). 專訪瑞士民俗專家菲力茲‧逢古特 (Fritz von Gunten)。

註五　Biblische Aspekte des kirchlichen Glockengebrauches (www.nachtruhe.info) 聖經觀點的教堂鐘聲習俗。天主教媒體中心 (www.kath.ch)。

註六　Hochzeitsbräuche (www.heiraten.ch) 瑞士結婚習俗。

註七　同註四

註八　Brauchtum Geschichte (www.klausjagen.ch/) 近代「獵聖誕老人」添加宗教色彩，多出聖誕老人與戴主教帽者角色。

註九　同註一。

幸運象徵。

豬。

　　瑞士和台灣社會皆視豬隻為富裕、財富、生育力和多產的象徵。代表累積財富的豬造型撲滿在兩地到處可見。華人社會裡，婚禮上常見祝福早生貴子的豬造型金項鍊。在瑞士，新年年夜流行贈送帶好運的豬仔造型甜點，例如杏仁糖、點心與蛋糕。每年格勞賓登州克洛斯特斯 (Klosters) 於新年舉辦豬豬賽跑大賽，選出全瑞士跑得最快也是最幸運的一頭豬。歐元百萬樂透 (Euro Millions) 的代言人就是一隻金豬，祝大家鴻運當頭中大獎！(註一) 甚至德文以「我有豬了 (Schwein gehabt)」表示走運了！或者，以「我祝你有豬 (Ich wünsche Dir Schwein haben!)」代表祝你好運！

　　中世紀於奧格斯堡射擊慶典 (Augsburger Schiessfest) 等運動競賽上，優勝者可以獲得優渥獎金等大獎，但表現差強人意的失敗者仍可獲得安慰獎，小豬一隻。即使賽事表現不佳，仍有小豬可抱回家，真是不勞而獲，太走運了！後來，世人便把「有豬」視為幸運象徵。(註二) 另一個典故來自紙牌遊戲。古歐洲人喜愛打牌打發時間。每種卡片具有不同的特殊代號。瑞士與南德地區的俚語常稱王牌 Ass 為「豬 (Sau)」，故抽到王牌的玩家就是「有豬了」。德國下薩克森邦漢恩明登 (Hann. Münden) 市政廳的一幅壁畫，描繪歷史上城市曾陷入水災，民眾搶救財物的情形。當中，有位女士將一隻險遭溺斃的豬隻安全地放上木筏。這幅畫作證明了豬隻的價值，在過去人們沒有足夠食物的年代，有豬可是無比的奢侈。(註三)

我們現代人能天天以不同形式吃豬肉，不論烤乳豬、滷豬腳、

豬肉乾和烤香腸，是何等幸運。但這個比喻在回教世界就行不通了。
即使如此，還是祝福大家有豬喔！

註一　"Von Glücksbringern und Silvesterbräuchen: Prosit Neujahr! ", srf.
ch (31.12.2014). 幸運物與除夕習俗：新年快樂！Euro Millions (http://
awardentries.ch) 歐洲百萬樂透。

註二　Schwein haben, wikipedia 有豬。

註三　"Daher kommt die Redewendung", focus.de (13.03.2017). 成語原由。
Coiffeur-Schieber Jass (www.pagat.com)

▌毒蠅傘。

在瑞士，擷取作為聖誕吊飾的題材林林總總，其中不乏大家熟悉的雪花、雪球、冰柱、松果、聖誕老人、雪人、麋鹿、天使等造型裝飾，可是卻偶爾出現類香菇形狀的毒蠅傘蹤影。連某些家庭也在庭院擺上顯眼的毒蠅傘裝飾。紅色的傘帽上點綴著不規則的白色凸點，其外形完全符合我們一般大眾對毒菇的印象，事實上毒蠅傘也是有毒菇種，但何以毒蠅傘成為積極正面的象徵呢？

可能的說法之一，毒蠅傘屬毒品菇，食用後能產生不可預測的迷幻效果，故也被視為能驅逐惡魔的魔力之物，因此獲得「幸運菇 (Glückspilz)」的稱號。（註一）另一說法來自北歐神話，傳說中，披熊皮驍勇善戰的鬥士透過食用些微毒蠅傘達到麻醉的幻覺效果，得以如神助般的作戰，而且感受不到絲毫疼痛，因此在戰爭中表現得異常強大與勇敢。（註二）有如超級瑪利歐兄弟吃了毒蠅菇後，戰鬥力馬上升級呢。

註一 "Von Glücksbringern und Silvesterbräuchen: Prosit Neujahr! ", srf.ch (31.12.2014) 幸運物與除夕習俗：新年快樂！

註二 Bedeutung der Glückssymbole (www.gluecksbringer-finden.de) 幸運象徵之意。

▋ 幸運草。

　　最廣為人知的西方幸運物就是幸運草了，瑞士人也是幸運草的愛好者。

　　一般酢漿草為三葉片，大自然裡含有四葉片的酢漿草非常少見，需要偌大的幸運才能找到罕見的四片葉酢漿草，即幸運草。傳說中，當亞當和夏娃被逐出伊甸園時，夏娃帶走了一片四葉草。因為它是如此稀少，所以被視為天堂的一部分。（註一）據說，旅行中若能隨身攜帶幸運草，能免於惡運。若將它縫在衣服裡，具有護身符的作用。而能真正帶來好運的幸運草是取於大自然的，非蓄意栽培養成的，否則會帶來反效果。（註二）

新年之際，瑞士各大超市與花店供應幸運草盆栽，每片葉子都是四葉型，理所當然為人工培植種。即使如此，不消一會兒便全數售罄，可見一般瑞士人認為人工栽培的幸運草仍帶正面能量，能帶來好運，沒在怕的！

註一　Schilling, Jacqueline, "Dem Glück nachhelfen", Luzerner Zeitung (01.01.2017). 祝好運。

註二　Glücksbringer, wikipedia 幸運物。

▌ 煙囪清掃工。

　　煙囪清掃工在過去可是攸關性命的職業。他們清掃煙囪以確保主人居家安全與室內溫暖。這裡，我不得不提起瑞士過去不堪回首的黑歷史。十九世紀至二十世紀中期瑞士義大利語區非常貧窮，冬季時不少家庭窮困潦倒到必須將孩子送往北義大利打掃煙囪。這些八至十二歲的男孩因身材瘦小，得以攀爬進入狹窄的煙囪裡清掃，執行一般人做不來或者不想從事的工作。即使工作內容意義重大，但他們賺取的薪水非常微薄，必須靠乞討麵包維生，只能在馬廄裡過夜，挨餓受凍。在如此艱困的生活和工作條件下，有些孩子還來不及長大回到家鄉，就客死異鄉了。(註一) 許多煙囪童工來自瑞士提契諾州的維札斯卡塔 (Verzascatal)、琴托瓦利 (Centovalli) 或鄰近的義大利瓦爾維格崇 (Val Vigezzo)。每年秋季全世界的煙囪工聚集於瓦爾維格崇以緬懷當年掃煙囪的孩子。

　　何以煙囪清掃工帶有幸運之意？原由至少有兩個。第一個說法：在早期缺電，以柴生火的年代，煙囪阻塞有如當代馬桶塞住一樣麻煩，但對家庭而言，前者塞住導致的災難更為嚴重，因為再也無法烹煮食物進食，冬季室內空氣轉冷到極點可能威脅性命，如果硬是點火燒柴，可能導致火光之災。在這樣的情況下，煙囪清掃工扮演重要的角色，經他們清掃打通煙囪後，主人家得已再炊煮飲食和燒柴取暖了。換句話說，煙囪清掃工帶來了好運。(註二) 第二個說法：任務結束後，煙囪清掃工通常在元旦遞上帳單，順便搶頭香送上新年快樂的祝福，可以說是委任工作的家庭收到的第一個新年祝賀，

因此煙囪清掃工構成幸運的形象。(註三)

　　隨著科技日新月異，清潔煙囪的工作難度也大幅降低。即使如此，直至今日瑞士仍保留煙囪工做為新年幸運象徵的傳統。聖誕節過後，各大超市出現不少煙囪工的造型產品。新年之際，我的婆婆總是贈送我一盆四片幸運草盆栽，上頭兒插著一手持毒蠅傘和一手拿梯子的煙囪工裝飾。收到它等於有三倍幸運度的加持，好運無法擋，只能說：「我要發達了！」

註一　　Grass, Alexander & Oehninger, Jürg, "Spazzacamini - die Kaminfeger - Kindersklaven aus dem Tessin", SRF (05.11.2013). 煙囪工——來自提契諾州的兒童奴隸。

註二　　Glücksbringer, wikipedia 幸運物。

註三　　Traditionen pflegen heisst Glut weitergeben (www.zeitlupe.ch). 專訪瑞士民俗專家菲力茲·逢古特 (Fritz von Gunten)。

█ 瓢蟲。

　　二〇一六年十月底瑞士天氣異常地溫暖，昆蟲活動理當不再活躍的季節裡，瑞士南部出現「瓢蟲入侵」的異相。有些民眾家裡爬滿上百隻瓢蟲，甚至有人家的石窟裡布滿成千上萬的瓢蟲，這位受災戶居然戲謔地調侃自己：「現在我應該要去簽樂透！」(註一)。

　　奇怪，為什麼慘遭瓢蟲入侵，遇衰事的受災戶不去教堂祈禱，卻要去簽樂透？

瓢蟲主要食用昆蟲和介殼蟲維生，能使作物免於蟲害，避免歉收。此外，瑞士地區常見的瓢蟲種類恰巧為紅底七個黑點（幸運數字），故農夫視瓢蟲為益蟲，也認為是來自上天耶穌母親贈送的禮物，因此以「瑪麗亞」為甲蟲命名，以為是她的化身，瓢蟲德文名 Marienkäfer 即直譯為「瑪麗亞甲蟲」。自中古世紀，瓢蟲被視為能保護兒童和醫治病人，能帶來好運的幸運物。(註二)

　　但是傳說強調，千萬不能殺死牠，否則會招致不幸。寫於此，不得不想起孩提時的蠢事……，不禁在心中哀悼「阿彌陀佛！」

註一　"Das Tessin erlebt eine Invasion der Marienkäfer", 20min.ch (19.10.2016). 受災戶稱 «Jetzt muss ich unbedingt Lotto spielen»。

註二　Hebel, Susanne, Bringen Marienkäfer Glück? (www.tagblattzuerich.ch). 瓢蟲帶來幸運？ Glücksbringer, wikipedia 幸運物。

▌槲寄生。

瑞士法語區近帕耶訥 (Payane) 高速公路兩旁的寬闊土地上，矗立兩排修長優美的白楊樹。好幾棵樹上結著一叢叢巨大青綠色球狀物，引起我的注意。我問先生那是鳥巢嗎，他餘光瞟向車窗外，給我的答案是：「不是，那是槲寄生 (Misteln)。」

槲寄生是半寄生的植物，種類約有上千種，通常透過鳥類播種，多生長在高高的樹梢上，特別常見於白楊木、樺木、蘋果樹與楓樹上。嚴冬裡，其樹葉仍異常長青，且結實纍纍，所以瑞士民間把它視為繁殖力的象徵，例如瑞士某些地區保有以槲寄生裝飾新娘花圈的傳統，暗許早生貴子。中古世紀常見槲寄生懸掛於屋門上、屋內和馬廄裡，以此保護人們和牲畜遠離惡靈、巫婆或雷擊。因其神奇力量，槲寄生也被稱為巫婆鳥巢、惡魔種子與鬼杖。後來，基督教會將槲寄生轉變成為聖誕象徵。今日，槲寄生在瑞士是常見的聖誕裝飾品，具有好運之意。(註一) 英語世界也迷信槲寄生的魔力，聖誕節前夕英國人和愛爾蘭人大掃除後，便在門口上方吊掛槲寄生。聖誕節當天，只要婦女和年輕女性跨過飾有槲寄生的大門，便能獲得男士的親吻。(註二)

除了裝飾和帶來好運，槲寄生甚至扮演重要的醫學角色，瑞士德語區便使用槲寄生作為對抗癌症的輔助療法，為所有人類帶來福祉！

註一   S.G., Der Mistelzweig, regionalgeschichte.net (14.12.2008). 槲寄生枝。
       Glücksbringer, wikipedia 幸運物。

註二   Kaminski, Ralf, "Lametta an der Bananenstaude", Migros Magazin 50
       (12.12.2016). 香蕉樹上的銀絲條。

▋ 兔腳與狐狸尾巴。

電影「不可能的任務 3」中的祕密交易的物品是代號「兔腳」的毀滅性武器，但這篇文章所提及的幸運符是真的兔腳。中古世紀的歐洲人相信，在脖子配戴兔腳可以減輕牙痛。(註一)除了兔腳以外，在瑞士狐狸尾巴也被視為幸運物。這兩種動物都擁有特殊的本能，例如：兔子總能在危險之際成功逃脫，而「狡兔有三窟」意指兔子有好幾個藏身之處，避禍能力高超。另外，狐狸的詭計多端更是令人佩服。以上種種讓人巴不得擁有兔腳和狐狸尾巴，獲得相同的超能力。這種形象崇拜的運用與吃腦補腦，吃肝補肝的邏輯相同。(註二)在路上，我還真的看過路人的包包上別著一隻兔腳或一條狐狸尾巴的造型裝飾呢！

註一　Hasenpfote, wikipedia 兔腳。

註二　Class, Vincent, "13 Fakten zum Freitag dem 13", blick.ch. 十三號星期五的十三個真相。

　　結婚當天，一位好友致送我和夫婿一包鹽。她說，在婚禮送上鹽可以為新人帶來好運。過了一年多，當我們從蘇黎世搬家至琉森，一位鄰居贈送我們一條麵包和一罐鹽。他解釋，這兩種食物從古至今都是重要的民生必需品，帶有積極幸運之意。說實在話，個人最喜歡實用性禮品了，我滿心歡喜地收下他們的禮物，短時間內也把它們消耗完畢。

　　不同於台灣的米飯，麵包是瑞士人的主食。麵包與鹽一向被視為必不可少的食物。早期的鹽難以開採和取得，稱得上相當奢侈的物品。此外，貧苦家庭為了維持基本生活，可以不啖肉，卻不能缺

少如麵包與鹽等維生食物。可惜的是，天然災害、收成歉收和戰爭等不確定因素，增加取得麵包與鹽的難度，因此「每日吃麵包和加了鹽的湯」可說是上天的恩典。麵包與鹽也因此成為幸運的象徵，進而轉變成對抗邪惡勢力的平安物。所以，婚禮上的鹽代表婚姻走到海枯石爛和地老天荒的祝福，而遷居時收到的鹽象徵生活安定、富足和生育能力。(註一)

但把鹽撒了出來可會帶來惡運，若從右肩扔出鹽巴或在耳後抹上香檳酒可以化解劫數。(註二)但你相信嗎？古歐洲鹽巴如金子般珍貴，此說八成是嚇阻的招數，勸世人珍惜鹽巴，跟台灣俗語：「碗裡的米飯沒吃乾淨的話，會嫁給麻臉丈夫，或者娶到麻臉妻子。」一樣，無論鹽或是米飯，都要珍惜啊！

註一　　Brot und Salz, wikipedia 麵包與鹽。

註二　　Class, Vincent, "13 Fakten zum Freitag dem 13", blick.ch. 十三號星期五的十三個真相。

▌ 馬蹄鐵。

除了牛和羊，瑞士常見的農莊動物還有馬匹。不少馬場培養與豢養名駒，而且國際馬術大賽上常見瑞士選手的英姿。我在鄉村和森林小徑上不時看見騎馬人士悠閒地兜晃。我的大嫂就是愛馬人士。她擁有一匹馬，但不親自豢養，反而交由專業公司照顧。此外，市面上常見印有夢幻小馬或真實馬匹圖案的文具產品。瑞士人是愛馬的！

過往交通運輸一向仰賴馬匹，因此馬不僅只是優雅和高價值的動物，同時也是強壯和力量的象徵，保護馬匹的馬蹄鐵則成為幸運象徵。(馬蹄鐵是呈 U 形的鐵製品，通常固定於馬蹄上，以保護馬蹄，並增加與地面接觸的摩擦力，利於駕乘。) 古時候，只要農夫找到馬蹄鐵，便認為是何等幸運！馬蹄鐵通常固定在船的桅杆以求航行的安全，擺置在住家大門可保佑房屋和農莊，並驅逐惡靈，把它們擋在門外。若懸掛於門上的釘子，當惡魔準備踩進屋裡，馬蹄鐵便會掉下來，正中頭頂。(註一)

著有「喔，開心的你 ── 為新年乾杯！(O du fröhliche – Prosit Neujahr!)」的瑞士民俗專家，菲力茲·逢古特 (Fritz von Gunten) 總在親友遷入新居或開設公司時，贈送一副馬蹄鐵，並將之置於門上。值得注意的是，掛法不同詮釋也不同：如果馬蹄鐵的開口向上，運氣就落在踩過門檻的人。開口相反往下，則表示蒐集幸運 (也有壞運之說)。開口亦可顯示向右，呈現字母 C，即基督 (Christus) 的首字。(註二) 怎麼擺見仁見智，開口向左又是何意呢？

註一   Class, Vincent, "13 Fakten zum Freitag dem 13", blick.ch. 十三號星期五的十三個真相。

註二   Traditionen pflegen heisst Glut weitergeben (www.zeitlupe.ch). 專訪瑞士民俗專家菲力茲‧逢古特 (Fritz von Gunten)。

▌棕櫚樹枝與冬青。

　　來我家作客的朋友應該注意到，飯廳門框擺了一把針葉和帶刺鋸齒闊葉相參的裝飾，上頭還綁了美麗的紅色緞帶。這束看起來非比尋常的物品來自我的婆婆，自我婚後便擺在家中一角，且一年換一個。雖然它的樣子古怪，但我不認為婆婆會下巫術害我，也從來沒有把它丟掉的念頭。後來經我查證，原來這些是棕櫚樹枝 (Palmzweig) 和冬青 (Stechpalme)。

　　過去棕櫚是國王的身分象徵，棕櫚樹枝或橄欖枝也代表國王所帶來的和平。宗教方面，為了紀念耶穌基督進入耶路撒冷時，受

到手持棕櫚樹枝的民眾夾道歡迎，因此每逢棕樹主日或基督受難日 (Palmsonntag) 便以棕櫚裝飾教堂應景。(註一) 瑞士的埃德曼斯托夫鎮 (Aedermannsdorf) 保有一項棕樹主日傳統，當週幼稚園至小學三年級學童和家長協力製作棕櫚枝裝飾，神父便為這些手作品祈福。根據傳統，這些棕櫚枝可保護房屋、避免雷擊或火災之殃。(註二) 早期農家習慣在門上懸掛棕櫚樹枝，並擺放在墓地或新耕田地。現今棕櫚樹枝多被放置於家中，例如門上、蠟燭後方或聖水旁邊等固定位置。(註三)

　　冬青樹葉堅挺光滑，具有帶光澤的鮮紅色漿果。由於其長青的特質，也是冬日裡常見的聖誕裝飾花草，因此古日耳曼人與凱爾特人視之同槲寄生與橡木一般神聖。羅馬時代，冬青被認為能帶來幸運與健康。早在羅馬人占領英國諸島以前，凱爾特人便採集冬青帶果莓的枝葉裝飾住家，彷彿冬季裡賦予仙女與森林精靈一個新的家園。他們甚至在葉片上寫下咒語以防止閃電、詛咒和黑魔法。即使咒語效果不明，但可以確定的是，由於冬青葉生長茂密，使外人難以看透籬笆後的動靜，所以冬青灌木叢組成的圍牆可使房子免於土匪侵擾，今日仍有不少瑞士家園以冬青灌木作為牆籬笆。另外，農民也在房屋和棚子內放置冬青枝葉，用來保護人類與動物，避免惡靈侵擾。(註四)

　　原來婆婆贈送的物品，不僅可以預防雷擊火災，還能避邪保平安呢。可以的話，我倒希望她能為我們加裝避雷針與自動灑水系統，心理比較踏實些。

註一　　　Palmsonntag, wikipedia 棕樹主日。棕樹主日通常為四旬期 (Fastenzeit) 的第六個或最後一個週日，或者復活節前的週日。

註二　　　Fuchs, Regina, "Palmzweige sollen das Haus vor Blitzen und Feuer schützen", Solothurner Zeitung (22.03.2013). 棕櫚枝能使房屋免於雷擊與火災。

註三　　　Traditionelle Palmzweigaktion am Palmsonntag (http://st-barbara-stolberg-breinig.kibac.de) 棕樹主日上的傳統棕櫚樹枝。

註四　　　Wagner, Susanne, "Im Zauber einer stacheligen Schönheit", NZZ (22.12.2001). 多刺的美麗魔法。

CHAPTER

健康飲食

對瑞士人而言，喝茶不光是心靈享受，也能隨時針對個人喜好與健康狀況來杯最對味的茶。若身體感到輕微不適，便會對症下藥選茶飲用，例如薑茶、百里香茶、茴香茶與富含維生素 C 的水果茶等，皆為常見的抗感冒茶品。混合應付相同症狀的茶品飲用，效果尤其更佳。

熱衷食用當季食材。

令人趨之若鶩，熊用來清腸胃的熊蔥。

　　瑞士季節性的地貌變化比四季如春的台灣豐富許多。度過了冰天凍地引人憂鬱的陰晦冬季後，春天的到來在瑞士是件令人歡欣鼓舞的大事。冰雪開始融化，同時萬物也日漸甦醒，原本光禿的樹木發出了嫩芽，土地冒出了青草與鮮花。當空氣溫度持續緩升，熊蔥（Bärlauch）就來報到了。

　　什麼是熊蔥呢？它是冬末春初生長於瑞士林間的野菜，又名大蒜菠菜、野蒜和巫婆洋蔥等。熊蔥有著竹葉型綠色闊葉，呈放射狀直接從地面發散出來。它的葉子散發出淡淡的大蒜味兒，嚐起來有如帶大蒜味的蔥，也堪稱瑞士版的韭菜。有此一說，熊從漫長冬眠甦醒後會啃食熊蔥來清理腸胃，因此熊蔥以「熊」為名。(註一) 其實，幾十年前熊蔥在瑞士並未廣泛地使用，它是近幾年才竄出頭的大眾新寵兒。每當初春時節，親朋好友便討論關於熊蔥的話題和互相邀約「要不要一起去採熊蔥呢？」然而，熊蔥季跟春雨來得一樣急促且短暫，待熊蔥的花兒一開，熊蔥葉子過老帶苦不再新鮮味美，便不再適合摘採食用了。

　　熊蔥除了味美，還有什麼功效呢？它的藥用價值很早就被證實，瑞士醫生兼草藥神父區茨勒 (Johann Künzle) 曾提及熊蔥的療效：「本植物可清理全身，預防疾病……其成分可保持血液健康，促進排出毒素。自然界沒有其他植物像它一樣可以如此有效清理腸胃和血液……。」(註二) 就在熊蔥季來臨之前，聖誕新年假期間許多瑞士人忙於參加各種大小聚會，天天有飯局，餐餐大魚大肉，短時間內體內囤積不少脂肪與膽固醇，身體確實有清理與恢復的需要，而初春的熊蔥來得正是時候，也是最佳的食療材料。

　　春季時，各大超市無不推出當季的熊蔥系列產品，有熊蔥沙拉醬、熊蔥軟起司、熊蔥雞胸肉、熊蔥羊排、熊蔥麵疙瘩、熊蔥香腸、熊蔥青醬等等，每年推陳出新，品項琳瑯滿目令人目不暇給。巴賽爾的馬特侯斯市場 (Matthäusmarkt) 於每年春天舉辦以熊蔥為主題的時令市集，供應熊蔥麵包、熊蔥鹽、熊蔥漢堡等當地產製的新鮮食貨。(註三) 可惜，市面上多數商品因熊蔥料添加不足，整體味道不甚濃厚，對於喜愛熊蔥的饕客來說令人惋惜，有如吃臭豆腐，豆腐卻一點也不臭般遺憾。如果各方面允許，親力摘採與料理是熊蔥迷夢想實現的最高境界。但是，在踏上採集之路前，瑞士的長輩們常千叮嚀萬交代，千萬不能錯把有毒的鈴蘭和秋水仙當作熊蔥。(註四) 其實，雖然熊蔥與它們的葉形相像，但其他兩者比較厚實，而且生長期不同。另外，只要撫摸過熊蔥便能從手指頭嗅出淡淡大蒜味兒。但若無十足把握去辨識兩者的差異，切勿採食，否則導致中毒，尤其吃了秋水仙是會鬧出人命的。

　　順便一提，將熊蔥取代青蔥製作水餃與煎包，汆燙食用也非常美味，可是一旦經過加熱烹煮便失去獨有的香氣與養分，嚐起來反而有如鮮甜的菠菜。值得注意的是，大地存有休養生息的韻律，摘採熊蔥時切記不能連根拔起，這麼做熊蔥的生長才能生生不息。另外，先生的外婆則再三提醒，食用前切記要把熊蔥洗乾淨，否則連狗尿兒和狐狸糞便都吃進肚子裡了。

註一　Zemp, Stefanie, "Mit Chrüteroski auf Bärlauchjagd", Berner Zeitung (29.03.2016). 與草藥達人一起獵熊蔥。

註二　Bärlauch, wikipedia。

註三　"Im Matthys tanzt wieder der Bär", Landliebe (März, April 2016), p. 20. 熊又在馬特侯斯市場跳舞了。

註四　鈴蘭，維基百科。全草有毒，尤其花與根毒性較強。

▌野草蒲公英居然可以上餐桌。

二〇一六年新發行的瑞郎五十元鈔票，上頭印著種子隨風吹散至世界各個角落的蒲公英，總提醒我過往吹白絨球的童心。

瑞士也有蒲公英，而且瑞士種的樣貌比台灣種更高更壯。當熊蔥季即將結束，蒲公英隨即占據大地，綠地沾染喬治‧秀拉（Georges-Pierre Seurat）的點畫筆觸，滿布黃花朵朵。蒲公英在瑞士也是大家習以為常四處可見的野草，常被摘取作為餵食兔子的飼草。有趣的是，具有美麗中文名字的蒲公英，其德文名 Löwenzahn 直譯為「獅子的牙齒」，生動比喻那呈現鋸齒狀的葉片，以為葉子會啃食觸摸的手指頭呢。（註一）古籍《本草綱目》記載：「蒲公英草生平澤田園中。莖、葉似苦苣，斷之有白汁。堪生啖。花如單菊而大。四月、五月采之。」且「蒲公英主治乳癰紅腫，解食毒，散滯氣，清熱毒，消水腫、惡腫、疔腫、惡瘡等等。」巧合的是，蒲公英在瑞士也是春天植物，它的葉子與花朵也被視為食材，是民間草藥學的經典素材，與中國古籍所描述的特性不謀而合！

瑞士藥房便販售一款取蒲公英根葉壓製而成的汁液，主要治療腸胃不適症。產品說明亦強調，蒲公英汁能刺激細胞新陳代謝，促進膽汁分泌，其高含量的鉀具有利尿作用。（註二）另外，市面上也販售一款主要由蒲公英葉、蒲公英根和薑組成的清熱排毒茶。（註三）有興趣的讀者也可以自行製作瑞士配方的蒲公英保肝茶。

做法：一茶匙乾燥蒲公英同一杯冷水煮滾後，靜置十五分鐘。

飲用須知：建議每天早晚各飲一杯溫蒲公英茶，持續四至六週。也可飲用新鮮壓榨而成的蒲公英汁。

對象：適合患輕微膽囊症與消化問題者飲用。亦可於春季促進新陳代謝。(註四)

　　一般來說，瑞士人如何料理蒲公英呢？瑞士電視台 SRF 曾推薦，鮮嫩的蒲公英葉搭配切碎的水煮蛋、酥脆的麵包丁和濃稠的沙拉醬特別美味。此外，也可以將切細的葉子和其他葉菜沙拉、馬鈴薯沙拉或義大麵混合食用。最簡單的方式是以烹煮菠菜的方法料理蒲公英葉。也有人將蒲公英葉佐加洋蔥與大蒜，置入高湯內絞碎均勻，之後再倒入少許鮮奶油當作湯品食用。此外，蒲公英花苞與花朵皆可食用。以橄欖油油煎的蒲公英花苞，其味道品嚐起來類似希臘的黑橄欖。另外，蒲公英花朵亦可加工製成蒲公英蜂蜜、糖漿或烈酒。(註五)電視名廚，同時也是伯恩伯納庫斯 (Benacus) 與市政廳餐廳主廚的雷納‧舒德爾 (René Schudel) 則說過：「春天時，我總帶著一把瑞士刀在南坡上割下新鮮的蒲公英葉。短時間煎煮後，即可拌芥末辣醬食用。」(註六)

　　食蒲公英在瑞士正流行，你也蠢蠢欲動了嗎？帶著一把鐮刀豪邁地割取蒲公英葉，順便整理雜草，真是一舉兩得的事。

註一　　蒲公英，維基百科。

註二　　Schoenenberger, Naturreiner Heilpflanzensaft Löwenzahn (www.schoenenberger.com) 熊能貝格蒲公英汁產品簡述。

註三　　Neuner's Detox Aktiv BI (www.neuners.com) 清熱排毒茶產品簡述。

註四　　Dal Cero, Maja, "Schweizer Hausmittel für die Leber" (Abschlussarbeit des Zertifikatstudiengangs Ethnobotanik und Ethnomedizin, Universtität Zürich 2008, Dr. Caroline Weckerle) 瑞士家護保肝。

註五　　Fohrler, Danie & Trefzer, Rudolf, "Löwenzahn: Mehr als nur Kaninchenfutter", SRF (06.04.2016). 蒲公英不只是飼兔草。

註六　　Albert, Attila, "20 Gründe, sich auf den Frühling zu freuen", Blick am Abend (19.03.2016). 二十個歡欣期待春天的理由。

▍瑞士人是蘋果控。

瑞士最知名的蘋果，應該是民族英雄威廉泰爾以十字弓射中兒子頭上的那顆蘋果。從古至今，地處溫帶的瑞士一向盛產大量蘋果，而且蘋果也是瑞士人最喜愛的水果種類，每年每位瑞士居民平均食用超過十六公斤的蘋果，是不折不扣的「蘋果控」。其中最暢銷的前三名品種是又脆又甜的嘎拉蘋果 (Gala)、甜帶酸的多汁金冠蘋果 (Golden Delicious) 與酸甜又清脆的布拉耶伯蘋果 (Braeburn)。（註一）

蘋果派和蘋果蛋糕則是瑞士德語區的家常甜點，食譜超過上百種，某些家庭還保留祖傳配方。我的婆婆便時常與我們分享她親自烘焙的蘋果派。薄薄的蘋果片呈放射狀整齊地擺放於圓形糕餅皮上，有如一朵蓮花，模樣煞是好看，味道鮮美，一點兒也不甜膩。

此外，我嚐過最美味的蘋果甜點應該是帶著瑞士老奶奶滋味的炸蘋果圈了。（註二）它是裹上麵粉再下鍋高溫油炸的去核蘋果圈，淋上香甜香草醬嚐起來特別美味。每年九月的第二個週末蘇黎世舉辦青少年射擊比賽的慶典活動 (Knabenschiessen)，場地固定進駐一家炸蘋果圈攤位，為了滿足口腹之欲往往得排隊等候。雖然它的熱量驚人，但只要行經攤位，聽到油炸吱吱聲，嗅到爆發的濃郁蘋果香氣，很難忍得住誘惑，如同鹹酥雞擄獲路人甲乙丙。

英文俗語說：「每天吃一顆蘋果，不必向醫生報到。」蘋果是維生素炸彈，亦含有豐富的礦物質、微量元素、果酸以及容易消化的碳水化合物 (果糖)。其膳食纖維如生纖維、纖維素或果膠能促進消化，非常適合減重者食用。(聽聞最簡易的減肥法是連吃三天的蘋果餐。以均衡飲食的健康觀點來看，這種激烈方式實在不妥。)

蘋果提供身體所需的能量亦可解渴，是餐與餐之間的理想點心。食用蘋果的最佳方式是生食，亦可入菜，當作甜點食材，壓製成果汁或加工乾燥成蘋果乾食用。（註三）在瑞士，不論碳酸蘋果汁 (Apfelschorle) 或蘋果汁 (Apfelsaft, Apfelmost) 皆是廣受歡迎的國民飲品。農家供應的壓榨純蘋果汁尤其新鮮美味。每年八月一日瑞士國慶日，全國大批民眾湧至農場以吃早午餐的方式大肆慶祝，這時無限供應的蘋果汁便是不可或缺的熱門飲料。而且，根據我飲用過多國蘋果汁的體驗，我可以信誓旦旦地告訴你，瑞士製造的蘋果飲料滋味最佳。

不只農家栽種大片蘋果園，不少瑞士人也在自家院子種植蘋果樹。我婆婆的庭院曾豎立一棵蘋果樹，過去每到秋季蘋果樹總是結實纍纍，吸引許多鳥類與動物啄食。其產量豐碩到自用、分送親戚、鄰居、友人都無法完全消耗完畢，往往她只能沮喪地把堆滿車的多餘蘋果送至鄰近的農莊，進行免費大贈送，有時還被拒絕呢。最後，因為整理蘋果樹實在太過麻煩，一天她便發下狠心，請人把這棵樹砍了。時至今日，我心裡還嘀咕著，實在太可惜了，我好想要體驗坐擁蘋果山的滋味呢！

註一　Zemp, Thomas, "Drei Apfelsorten machen die Hälfte Schweizer glücklich", Tages-Anzeiger (14.10.2014).
　　　　三種使半數瑞士人快樂的蘋果種。

註二　瑞士德文 Öpfelchüechli，高地德文 Apfelküchlein，直譯是小蘋果蛋糕。

註三　365 Tage knackige Schweizer Äpfel (www.swissfruit.ch) 三百六十五天瑞士脆蘋果。

▋ 曾是豬食，當代流行的南瓜。

秋季的瑞士時常籠罩在濃厚霧氣裡，天空壓得低沉，不見天日，溫度隨之遽降，視野所及灰濛濛的一片，地上滿是被風吹落的枯葉，沙沙作響，蕭瑟荒涼。此時，鮮橘色的南瓜和轉紅的楓葉為大地添色。而瑞士南瓜和台灣番薯曾具有相同的坎坷命運，過去皆為專門餵食豬隻的豬飼料，瑞士人鮮少食用這款「豬食」，也因此忽視其營養價值。

約八〇年代開始，一系列的好萊塢萬聖節電影橫掃瑞士，萬聖節日漸被大眾所知。九〇年代起，萬聖節開始風行瑞士，部分民眾也熱衷「裝神弄鬼」。除了母親節和情人節以外，市場出現新的商機，舉凡糖果、面具、尖頂帽、魔杖、萬聖節裝飾，尤其南瓜火紅熱賣。因為，十月底萬聖節的提南瓜燈籠活動與十一月初瑞士德語區的提蕪菁燈籠 (Räbeliechtli) 遊行的習俗非常相近，令瑞士人感到親切熟悉的南瓜因此倍受歡迎。同時，瑞士農場開始大肆種植各式南瓜，大約在千禧年之後每逢秋季瑞士全境的超市大量鋪貨南瓜，市面上也找得到越來越多的南瓜湯、南瓜沙拉或南瓜點心等食譜，這時瑞士人才開始重視南瓜的高營養價值。（註一）南瓜的營養確實不容小覷，一百公克南瓜僅含約二十七大卡的熱量，提供維生素、膳食纖維、鎂、鈣，以及可保護細胞的豐富 β - 胡蘿蔔素。（註二）藥學經典《本草綱目》也記載「南瓜性溫味甘、入脾、胃經。具有補中益氣、消炎止痛、化痰排膿等功能。」近十幾年來，因推崇它的美味與高營養價值，瑞士興起食用南瓜的流行趨勢，市場上的南瓜品種也越見豐富，幾乎奪去南瓜燈籠徒做裝飾的光采。

　　各式南瓜的模樣真是逗趣可愛，為了讓南瓜迷大飽眼福，位於蘇黎世州的知名體驗農場優客農場 (Juckerfarm)，每年秋季定期舉辦南瓜展覽，於限定期間內天天免費對外開放，吸引無數大人與小孩朝聖。(註三) 每年媒體也聚焦「瑞士最重南瓜」的比賽，二〇一四年一位蘇黎世農夫栽種出高達一公噸的巨無霸南瓜，其約五公分長的巨型種子以瑞郎一千七百五十元賣出 (約新台幣五十六萬)，打破金氏世界紀錄，可謂農業界的瑞士之光。但巨型南瓜如橡皮水袋，瓜皮過厚，

水分太多，缺乏滋味，故果肉不宜食用。

在我居住的鎮上，鎮中心附近有塊山坡地，春天時種植向日葵、鬱金香、大理花、金魚草等花草，以誠實商店的形式開放民眾自助摘採。秋季一到，農家改擺推車，滿車盡是標上價格的各式南瓜。如欲購買，只需將錢幣紙鈔投入集錢箱，即可把新鮮南瓜帶回家。我的瑞士婆婆常以洋蔥與高湯為基底，去皮煮奶油堅果南瓜湯，最後澆上新鮮奶油，並撒上香菜食用，味道香濃可口。她也向我推薦一道簡易食譜：南瓜丁與橄欖油和鹽巴混合，置於烤紙上送入烤箱以兩百度烘烤四十分鐘。無論是否為南瓜迷，都會愛上那股自然的香甜滋味。

沒有萬聖節，南瓜就沒有今日在瑞士的地位。因為萬聖節，大眾才看見南瓜的美味與營養。否則，今日瑞士豬隻仍保有大啖南瓜的專屬口福呢！

註一　　Kohler, Alexandra, "Kürbis schlägt Halloween", NZZ (31.10.2011). 南瓜迎擊萬聖節。

註二　　Allemann, Sarah, "Gesunder Kürbis", SRF (21.10.2013). 健康南瓜。

註三　　Juckerfarm (www.juckerfarm.ch) 優客農場。

▌窮人的麵包，栗子。

秋天的腳步一到，瑞士街頭便出現一些販售烤栗子的臨時攤位。這些攤位大多以木材搭建，掛著斗大醒目的「heissi Marroni(熱栗子)」招牌，小窗台上擺放糖炒杏仁與瑪根麵包，從遠處便能瞧見裡頭飄散出，如童話裡魔法煙硝的熱氣。在台灣，栗子多以糖和沙子混合翻炒，沙子幫助栗子均勻受熱和保留糖分，稱為糖炒栗子。通常栗子保有完整原貌，僅在食用時才會破壞外殼。在瑞士，烤栗子的過程中，鍋子既不倒沙也不添加糖。僅事先於栗子腹部割一道痕，再置於鍋中以濕布或蓋子覆蓋，並以小火燜煮，純粹享受栗子天然的香氣與滋味。(註一)

《本草綱目》記載，「栗子粥補腎氣，益腰腳。」栗子可以補腎，是良好的食補材料。栗子含有糖分、蛋白質、油脂、礦物質與維生素 B 和 C，也是無麩質食物，適合麩質不耐症者食用。與其他堅果相比，栗子的含油量較低，每一百公克僅含兩公克的油脂，但糖分偏高，建議勿攝取過量。此外，栗子亦屬鹼性食物，不會造成酸性物質，能中和體內酸鹼值，改善體質。(註二)栗子如此健康美味，理當早已風行幾百年，但它的歷史宿命並未如想像中美好。

鐵器時代左右，歐洲大陸便出現栗子樹種。食用紀錄可追溯至希臘時代，古希臘人以栗子製作麵包、粉末，也烹煮湯品。中世紀初期至十九世紀末栗子在南歐乃重要的營養作物，大多透過乾燥或煙燻方式保存，可存放良久。尤其在山區，栗子為主要的營養取得來源，獲得「窮人麵包」的稱號。因為中世紀末人們認為栗子會導致消化不良、頭痛、腹脹與增強性慾，這些令人尷尬的徵狀讓上層階級嗤之以鼻，認為栗子上不了檯面，因此甚少食用。但餓到幾乎只能挖樹根吃的下層階級視栗子為珍寶，故栗子成為底層社會專食的堅果或者被當作豬飼料使用。十一至十三世紀之間，為了有效利用土地並確保食物來源，歐洲人在穀類無法生長的土地上大量種植栗子樹。十六至十八世紀人們持續在伊比利半島、法國中南部、科西嘉島、義大利中北部、巴爾幹地區與瑞士等地栽種栗子。在瑞士，栗子林主要集中於提契諾州，還有朱拉州、瓦萊州、日內瓦湖、四林湖與楚格湖。(註三)

幾百年種植栗子樹的活動大幅改變了當地地貌，例如提契諾州與格勞賓登州的米索克斯 (Misox) 境內矗立至少三百一十棵樹齡三百五十年至七百年不等，樹身圓周皆超過七米長的栗子神木。(註四)這些老樹見證了中古世紀以來種植栗子的熱潮。此外，俗話說：「前人種樹，後人乘涼。」當初的植樹區提契諾州成了今日瑞士栗子大本營，每年秋季全國媒體關心栗子果的收成，關注集散中心慕札諾 (Muzzano)、史塔比歐 (Stabio) 與卡德納索 (Cadenazzo) 的收成報告，跟公投開票一樣熱鬧。(註五)

時至今日，琉森邦的四林湖湖畔有個以栗子為名，就叫做栗子樹 (Kastanienbaum) 的地區。(註六)位在同一湖畔的格雷彭 (Greppen) 每年十月第四個週日舉行栗子市集，提契諾州和瓦萊州境內多個城鎮每年也舉辦栗子慶典。(註七)此外，提契諾州觀光局也推薦境內若干以栗子步道為主題的景點。(註八)靠近提契諾州的格勞

賓登州貝格爾山區 (Bergell) 也保留大片栗子樹林，前往當地千萬別錯過知名的栗子泥派 (Vermicelle)。每到秋季，當地還盛大舉辦全國知名的栗子節活動呢。(註九)

　　中世紀時，窮到只能啃栗子填飽肚子的瑞士老祖宗們一定沒料到，幾百年後栗子居然搖身一變成為飲食文化的賣點，還被發揮得淋漓盡致呢！

註一   Bratkastanien (www.heissimarroni.ch) 烤栗子食譜。

註二   Botta, Marianne, "Mit Schwung durch den Herbst", Migros Magazin Nr.
       43 LEBEN (24.10.2016), p. 119. 來點生氣過秋季。

註三   Chestnut, wikipedia 栗子。

註四   Krebs, Patrik, "Inventar der Riesenkastanien im Tessin und im Misox",
       waldwissen.net (28.09.2012).
       清點提契諾州與米索克斯的栗子巨樹。

註五   "Marroni-Ernte im Tessin mit leichtem Plus", Blick (03.11.2016). 提契諾
       州栗子收成微幅成長。

註六   Die Perle am See (www.horw.ch) 湖畔的珍珠。栗子樹地方基本介紹。

註七   Events- Schweizer Kastanienevents (www.kastanienland.ch) 瑞士相關
       栗子的活動。

註八   Der Kastanienweg (www.ticino.ch) 栗子步道。

註九   Kastanienfestival (www.bregaglia.ch). 栗子慶典。

▌充滿獵殺氣息的野味。

　　吹著蕭瑟寒風的秋天是瑞士的打獵季，獵人們無不摩拳擦掌擦拭獵槍來試試手氣。在瑞士當獵人需要哪些條件呢？根據瑞士聯邦狩獵法第二章第四條例，必須申請各邦的獵人執照(Jagdberechtigung)，通過狩獵必備知識考試後，才能取得獵人證照。另外，也必須向警察機關取得持槍執照。具備這兩項執照後，才能進行打獵活動。值得注意的是，獵人必須在法定指定狩獵區打獵。瑞士聯邦狩獵法第五條明文規定准許獵捕的動物種類和時間，否則一律皆為禁止打獵。(註一) 為了申請持槍許可證，我曾跟先生跑了幾趟蘇黎世警局，向「刑事組」報到，雖然明明是合法事宜，心情卻有如大哥女人般無奈與沉重。

　　依據瑞士聯邦狩獵統計，二〇一五年瑞士境內獵殺登記的部分動物如下：

　　偶爾我陪先生至射擊場練習射擊，除了靜態鏢靶，還可以射擊偽野兔、偽山豬與模擬飛禽的飛盤(Tontaube)等動態目標。在那裡時常遇見獵人，即使非打獵季他們仍兢兢業業地練習槍法。獵人們大多客氣有禮且散發祥和之氣，然而，一旦手握獵槍，便立即切入戰鬥模式，熟練地操槍射擊，呈現上課一條蟲，下課一條龍的氣場反差！

　　雖然狩獵動物看似殘忍，但現實的考量有其必要性。由於生存環境鮮少有天敵威脅，瑞士境內某些動物因此倍增繁殖，龐大的數量可能超出大自然的負荷，進而破壞森林生態的平衡。此外，部分獵人其實也是瑞士森林的保護者。他們頻繁進出森林，向當局報告森林裡動物的生長狀況，也負起照顧生病及受傷動物的責任。

下列表中，常做為食材的有鹿肉、紅鹿肉和野豬肉，連阿爾卑斯山區早期的窮人食物「土撥鼠肉」也端上餐桌。野外生長的動物因大量活動，較一般畜養牲畜含有較少的油脂和較多的蛋白質。由於野生動物食用大量的樹葉、草類、香草和花朵等新鮮植物，因此脂肪品質較佳，具有比較豐富的 Omega-3 脂肪酸，（註三），口感佳又滋味豐美，故深受瑞士人的喜愛。每年瑞士人食用的野肉總計約四千四百公噸，但僅有三分之一產自瑞士本地，多數由大約三萬名獵人自行食用或進行買賣。由於瑞士的野味產量根本無法滿足國內需求，缺口部分便仰賴國外進口。（註四）秋季時節，在各大超市皆能看見各種野味的身影，一般的常見配菜如麵疙瘩、甜菜、栗子、菇類、

動物名稱	數量（隻）
有蹄類動物	
紅鹿	11,657
鹿	42,374
瞪羚	11,649
野豬	9,390
肉食性動物	
紅狐狸	22,172
獾	3,539
石貂	1,047
松貂	143
其他	
歐洲野兔	1,835
雪兔	1,215
野兔	4
阿爾卑斯山土撥鼠	5,089

（註二）

梨子、莓醬和棕醬也一同上架。同個時期，全國餐廳也紛紛推出秋季野味特餐。

　　秋季食野味稱得上歐洲普遍的飲食文化。有一年，我和先生去斯洛伐克的首都布拉提斯拉瓦旅遊，在一家供應當地菜色的餐廳用餐。就在刀叉打架享用野豬肉之際，先生竟然發現一塊霰彈碎片卡夾於肉塊之中。這異物大力證明，他大快朵頤的肉品是貨真價實的「野」豬肉。一般人極可能因食物含有異物而大發雷霆吧，尤其在瑞士修補壞牙的代價高昂。但是，我先生居然開心地為金屬物體做起研究分析，猜測擊斃野豬的可能獵槍型號與口徑，甚至還謹慎地把樣本包裝起來，將它帶回瑞士向親朋好友獻寶呢。

註一   "Bundesgesetz über die Jagd und den Schutz wildlebender Säugetiere und Vögel", Die Bundesversammlung der Schweizerischen Eidgenossenschaft (20.06.1986). 聯邦政府狩獵與保育野生哺乳類與鳥類法。

註二   "Eidgenössische Jagdstatistik", Bundesamt für Umwelt BAFU (2015). 聯邦狩獵統計資料。

註三   Botta, Marianne, "Mit Schwung durch den Herbst", Migros Magazin Nr. 43 LEBEN (24.10.2016), p. 119. 來點生氣過秋季。Schweizerische Gesellschaft für Ernährung, Medienmailing Nr. 34 (September 2005). 瑞士營養學會。

註四   Bitoun, Benjamin, "Warum Schweizer Wild so rar ist", Tages-Anzeiger (12.10.2015). 為何瑞士野味如此稀有。

▍吃對了養生，吃錯了要人命的野菇。

　　下過雨後的森林裡，各式各樣的蘑菇紛紛從林地土壤、樹幹和頹圮的木頭上冒出頭，形狀有片狀、傘狀、靈芝狀、點狀，甚至不規則形，色澤多變呈現白、褐、綠、紅和橘色等等，模樣精巧可愛。當陽光透過樹梢縫隙灑落下來，它們各個依稀閃爍有如天然寶石般光彩奪目。

　　過去古羅馬人以及歐洲古代僧侶便推崇菇類的健康價值。醫學古籍記載，平菇與蘑菇可以降血壓，蜜環菌 (Hallimasch) 被用來促進血液循環，巨型馬勃菌 (Riesenbovist) 能治療慢性發炎的消化器官。而野生菇類吸收自然的滿載能量，屬自然飲食療法所偏好的食材。（註一）對菇類愛好者而言，它們是最可口誘人的大自然寶藏，免費加菜的好選擇，也是搭配野味最常見的佐菜和醬料食材。秋分時節，野菇採集潮達到了顛峰，時不時可見提籃子的民眾在森林深處裡來回穿梭走動，以為小紅帽正前往奶奶家的路上。我的婆婆傳授我一個小知識：菇類生性喜透氣呼吸，如在超市買零散菇類最好以紙袋包裝的道理相同，採集野菇時一定得使用籃子盛裝，否則密封的塑膠袋會加速它們的敗壞。

　　瑞士森林裡蘊藏著五千至六千多種野菇，常見的有野蘑菇 (Gemeiner Anisegerling)、大蘑菇 (Braunschuppiger Riesenegerling)、白林地菇 (Dünnfleischiger Anisegerling)、樺木菇 (Birkenpilz)、平菇 (Austernseitling) 等等。（註二）其中，蜜環菌雖然不是最受歡迎的種類，卻是採菇者盤中最常出現的菇種。然而蜜環

菌為有條件可食，因生株有毒，料理前必須汆燙至少五分鐘，將水倒除後，才得以食用。在瑞士最受歡迎的無毒野菇屬牛肝菌 (Steinpilze) 與雞油菌 (Eierschwämme) (註三)，秋天超市經常供應包含這兩款的綜合野菇組合包，可一次滿足愛菇人的口腹之欲。然而，本段敘述的菇種你認得出幾個？又有把握能辨識幾個？當你心中浮現去森林裡採集可食用蘑菇的想法時，在讀過下段文後，請再三考慮吧。

　　據了解，就算是瑞士學識最淵博的菇類專家也無法辨識所有種類或熟悉其功效，好比最熟稔眾人事務的政治家也需要智囊團補腦。最重要的是，僅只大約 3% 的菇類是可以食用的。其他多數嚐起來噁心，燉煮好幾個小時後仍舊堅硬如塑膠且帶毒性。中毒徵狀通常在誤食一到好幾個小時以後發生，最輕微的症狀是噁心和腹瀉，許多情況由於誤食迷幻蘑菇，造成感知的變化。此外，僅少數誤吃劇毒菇類會嚴重致死，其中最知名的是容易被誤認為白蘑菇的毒鵝膏 (Knollenblätterpilze) 以及絲膜菌屬 (Rauhköpfe)。前者所含的毒鵝膏毒素會損壞肝臟，後者的奧來毒素 (Orellanine) 破壞腎臟，中毒徵狀在誤食後好幾個小時或幾天、甚至幾週後才會發作，且發現時通常已為時已晚，就算瑞士醫術再高超也無能為力。而且，如果毒鵝膏和其他菇種誤置於同個籃子，也會汙染它種而吃不得，等於一支毒鵝膏壞了一籃菇。（註四）每年瑞士境內發生零星的毒菇中毒事件，主要原因乃採菇者過於高估自己的能力，將毒菇誤判成可食用的菇種。瑞士中毒中心所接獲的中毒案例中，多數為藥物或家用品所引起的中毒，食毒菇中毒則占 2%。而每年的採菇旺季，九月與十月也是毒菇中毒高峰期。誤食毒鵝膏者，平均每年約有八個案例。（註五）

　　先生的一位同事掌握豐富的食菇知識，每年秋分總踏上採集野菇之路，讓我羨慕不已。雖然市面上可以取得菇類圖鑑，但在缺乏實際經驗的狀況下，我仍不敢輕易嘗試。好消息是，全瑞士各地設有官方蘑菇檢驗站 (Pilzkontrollstelle)，這些由聯邦政府培訓且考試合格的蘑菇專家不只服務公司行號、醫院、醫師，也替一般民眾辨識菇種，守護大家的健康，真是太貼心了。（註六）。

註一　Vogel, Thomas, "Waldpilze sind gesund", Blick (25.08.2014). 野 菇 很 健 康。

註二　Pilze sammeln-Wo wächst welcher Pilz？(www.pilze.ch) 採菇，各類菇 種長在哪裡？

註三　"Welche Pilzart gibts am häufigsten in der Schweiz?", SRF (15.07.2013). 哪些是瑞士最常見的菇類？

註四　Forrer, Daniel & Braunmiller, Helwi, "Giftpilze-Eine lebensbedrohliche Zeitbombe", SRF (01.10.2012). 毒菇，威脅性命的定時炸彈。

註五　Vergiftungssyndrome durch Pilze (www.toxinfo.ch) 誤食毒菇的中毒徵 狀。中毒中心專線 145。

註六　查一查離你家最近的蘑菇檢驗站 (http://www.vapko.ch/index.php/de/ eine-pilzkontrollstelle-finden/eine-pilzkontrollstelle-finden)。

▌ 秋冬大補帖，屠夫料理。

　　秋高氣爽正是美食愛好者最有口福的時節，屠夫料理 (Metzgete) 為瑞士秋冬傳統佳餚之一。瑞士人習慣食用多工處理的豬排、雞胸肉、魚排、牛排等諸如此類，平日鮮少食用內臟，因此各種動物內臟，如豬肝和牛肚總被置放於超市不起眼的一角，即使價格低廉也是乏人問津。

　　台灣人吃動物內臟與雜碎吃出環保精神，任何可食用的部位絕不輕易放過，最經典的台灣美食屬滷大腸、下水湯與豬肝湯。大致來說，只要是 Q 軟的肉品都很對我們台灣人的胃，當我們瘋膠原蛋白，卯起來啃雞爪時，許多瑞士人則百思不得其解，為什麼台灣人迷戀這麼可怕的部位呢？他們認為，雞爪根本沒有半點肉，有什麼好吃的?! 甚至曾有人對我說過，雞爪好像巫婆食物喔。

　　一般時日瑞士人甚少食用動物內臟，較為常見的菜色頂多是豬肝 (Leber) 或小牛肝 (Kalbleber) 了。蘇黎世老城區的知名老牌餐廳如萊茵費德啤酒館 (Rheinfelder Bierhalle) 與約翰尼特餐廳 (Johanniter) 全年供應豬肝搭配馬鈴薯煎餅。瑞士式豬肝料理跟台式的截然不同。瑞士版的添加了許多醬料，猶如遮蓋少女稚氣臉龐的厚重彩妝，反而掩蓋豬肝原有的特殊鮮嫩滋味，即使如此仍別有一番風味。讓我們來瞧一瞧瑞士傳統豬肝料理法。

瑞士豬肝料理 (Suuri Läberli)

材料 (四人份)

1 顆 洋蔥

0.5 把如迷迭香、香菜、鼠尾草等香料。

600 公克 豬肝塊

50 公克 奶油

200 毫升 食醋

約 400 毫升　醬料，需事先準備。(1 食匙橄欖油、1 顆洋蔥、1 瓣碎蒜頭、 2 食匙番茄糊、400 毫升紅酒、1 撮鹽)

適量花生油、黑胡椒、鹽。

做法

1. 切碎洋蔥與香料。豬肝塊以黑胡椒調味。

2. 倒油入大平底鍋，熱油後快速煎豬肝塊。取鹽調味，以篩子過濾豬肝細碎並濾乾。

3. 以廚房紙巾將平底鍋擦拭乾淨。奶油入平底鍋加熱。倒入碎洋蔥煮並澆上食醋後，以中火翻炒。再澆入備好的醬料。

4. 最後倒入豬肝塊並快速的攪拌 (熄火)。撒上香料，即可上桌。(註一)

　　瑞士人大啖內臟雜碎的時節主要集中於秋冬季。此種傳統飲食德文叫做 Metzgete(屠夫料理)，此詞乃由 Metzgerei(肉鋪) 與 Metzger(屠夫) 轉變而來。意指牲畜在屠宰場被處理後，將直接取得的血、內臟、肥肉、肚子與豬頭肉等部分做成料理。尤其鄉下餐館常提供季節限定的屠夫料理菜單，或者供應有伯恩拼盤 (Bernerplatte) 之稱的屠夫料理拼盤 (Schlachtplatte)。拼盤內容有血腸 (Blutwurst)、肝腸 (Leberwurst)、豬腳、肥肉、肋排、肝臟、牛腩，搭配酸菜、豆子、馬鈴薯或者馬鈴薯煎餅。這些帶著純樸懷舊風味的進補佳餚深受瑞士老先生們的喜愛。(註二) 瑞士甚至有以屠夫料理為名，以益智問答形式呈現的電視節目，「屠夫料理，名人猜猜看 (Metzgete – Heiteres Prominentenraten)」。

　　「血腸」與「肝腸」為屠夫料理拼盤的兩大要角。第一主角是以豬血加工製成的血腸。在沒有冰箱與現代防腐技術，且自行宰殺

牲畜興盛的年代，為了保存肉品，人們以微燻或重燻方式製作可保存良久的香腸。其中，血腸屬於最古老的肉品之一，也是最知名的古早香腸種類。很久以前，豬血曾被視為獎賞酬勞，戰士上戰場前得自行準備血腸食用。古羅馬人則於牧神節期間烹煮血腸獻給生育和森林之神——烏努斯 (Faunus)。即使中世紀早期當局因異教背景因素曾下達禁食令，即使如此血腸仍於民間不斷生產和消費。(註三) 根據瑞士營養協會資訊，即使豬血僅占血腸一半的成分，其他材料尚有牛奶、鮮奶油、洋蔥與香料，卻沒有其他香腸比血腸含有更多的鐵質。另外，血腸僅含少量的油脂，一百公克只有一百五十五大卡，熱量為瑞士國民香腸——思華力香腸 (Cervelat) 的一半。二號主角乃以豬肝加工而成的肝腸。雖然它的鐵質含量不如血腸，卻富含與造血過程所需的微量元素——鐵相當的維生素 B12。(註四) 我曾嚐過 Migros 餐廳供應的血腸與肝腸簡餐。血腸模樣有如灌入腸子的偽台式豬血，即使與台灣豬血不同源不同種，嚐起來卻有如分身。肝腸的味道則是言語難以形容的莫名其妙，有著味覺從未體驗的怪誕滋味。即使如此，舌尖卻發覺一股濃厚的古早味，或者說臭騷味，難怪兩腸堪稱瑞士老爺爺級的機能性食品。

　　逢屠夫料理季，許多瑞士超市皆同步供應血腸和肝腸。過去，幾乎每家餐廳於秋冬之際供應屠夫料理，可惜這項飲食文化日漸式微，越來越少餐館提供這項菜色了。其實，由於營養攝取不均衡且素食人口增加，瑞士約有一百萬人口缺乏鐵質，占了總人口的12.5%，尤其婦女因經期與妊期因素更容易缺鐵，而導致疲倦、精神委靡、憂鬱、失眠。(註五) 也許瑞士應當積極振興這項飲食傳統，鼓勵大眾重拾秋冬大補血的熱情。

　　今晚你也想來碗豬肝湯、豬血湯或鴨血湯嗎？台灣的飲食文化豐富，一年四季有源源不絕多樣性的美食，每月每季都可以進補，實在是太幸福了！

註一　　Binder, Christiane, "Surri Läberli", saison küche Nr. 5 (2011), p. 25. 豬肝料理食譜。Bratensauce, (www.bettybossi.ch/de/Rezept/ShowRezept/BB_FLFI140804_0298A-40-de) 搭配豬肝的醬料食譜。

註二　　Metzgete, wikipedia 屠夫料理。

註三　　Hug, Michael, "Blutwurst hat immer noch Fans", Tagblatt (01.10.2010). 血腸總是還有粉絲。

註四　　Aerni, Stefan, "Grossvaters Functional Food", Berner Zeitung (02.11.2016). 老爺爺的機能性食品。

註五　　同上。

▌帶有台灣滷味風味的冬季飲食。

　　冬季的瑞士一片冰天凍地有如一座巨型冷凍庫。這樣的比喻很貼近事實，因為我們經常把購買的生鮮或吃剩的食物直接置放外頭的陽台上冷凍或冷藏。筆者居住的琉森地區被歸類為全瑞士冬季日照數一數二短的地區，因此深切體悟，爛天氣容易引發憂鬱症。

　　記得有一天，我心血來潮以台灣滷味包滷了雞腿與白蘿蔔塊作為晚餐。先生吃了，讚不絕口。還補上一句讓我傻眼的評語：「這食物嚐起來好有聖誕氣息。」有沒有搞錯？台灣滷味跟聖誕節八竿子打不著吧！換個角度想，台灣民眾幾乎可以天天吃聖誕風味餐，稱得上一種非典型的幸福吧。

　　原來滷味包所含的八角、茴芹、肉桂、丁香等香料皆是瑞士冬季飲食的要角。在大夥大吃大喝的日子裡，消化不良等健康問題紛紛接踵而來，食用這些辛香料不僅提供溫暖，減輕腸胃不適、腹脹與腸胃痙攣，也能間接維持輕鬆舒暢的愉快心情。(註一) 因此，具溫熱散寒與健胃特性的八角、生薑、桂皮、荳蔻和丁香被廣泛用來製作薑餅、茴芹餅乾、茴芹茶、肉桂餅乾、肉桂蘋果蛋糕、聖誕節香料酒 (Glühwein) 與瑪根麵包 (Magenbrot)(註二) 等冬季限定食品。其實，十三世紀之前這些富含濃郁香氣的辛香料在瑞士是難見的珍奇食材。在此之前，瑞士人僅以鹽與香草調理食物，若有微辣口味的需要，便取芥末籽或辣根 (Meerrettich) 佐味。後來，商人如馬可波羅從地球的另一端千里迢迢帶回異國香料，由於運程遙遠，再加上其他高風險因素，僅貴族與富人負擔得起這些所費不貲的奢侈品，隨之興起的飲食革命便只限於小眾發生，直至十九世紀才普遍推廣於一般庶民人家。當代，瑞士人人平等，辛香料已成為家家戶戶的基本用品。(註三)

　　值得一提的聖誕節香料酒是以葡萄酒和辛香料為基底的熱飲品。約兩千年前古羅馬的阿皮丘斯（Apicius）食譜集便記錄，以五公升葡萄酒混合一公升蜂蜜、三十顆八角、三支肉桂棒、月桂葉、丁香、香菜與百里香製作精選香料酒的方法。由於昂貴的原料難以取得，正宗香料酒的酒香只在上層階級飄散，下層階級僅能淺嚐以薄荷葉混味的偽香料酒。好幾個世紀以來香料酒的內容與做法大同小異，隨著時間的推移，將熱石塊丟入或直接於火焰上燒香料酒的熱飲風氣日漸盛行，熱騰騰了幾百年以後當代繼續延燒。另外，

十六世紀海歐納莫斯・博克 (Hieronymus Bock) 著作的藥典指出香料酒能治療胸痛和腹瀉。(註四)《本草綱目》也記載:「將八角茴香炒為末,食前酒服二錢,可減緩腰重刺脹。」原來飲用香料酒不僅可享受美味,亦具有藥用療效,為貪杯的理由添上一筆。

　　冷颼颼的聖誕季節裡,香料酒攤販的生意常常好到接應不暇,為了那一杯售價約瑞郎五塊(合約新台幣一百六十塊),僅兩百毫升的燒熱香料酒,民眾甘願大排長龍等候。只要盛裝香料酒的酒杯一到手,雙手便立即回暖,小酌一口,熱度便從喉嚨流竄至胃部,帶給身體最全面的溫暖。頓時理解,為何暖暖包在瑞士沒什麼市場了。另外,瑞士各大超市也供應價格非常實惠的香料酒,一公升瓶裝售價不到瑞郎兩塊(約新台幣六十四塊),比礦泉水還便宜呢。

　　我身邊除了不碰酒精的朋友以外,多數親朋好友無法抵抗香料酒的魅力。讓瑞士人排隊也甘之如飴的養生香料酒也可以在家製作喔。

當代香料酒食譜

材料:
1 公升濃烈的紅酒、150 公克蔗糖、切成四片的 1 顆橘子、2 支 肉桂棒、3 顆丁香、一些荳蔻。

做法:
把所有材料置於平底鍋以小火煮,時不時攪拌。煮滾前熄火,將平底鍋移離火源。闔上鍋蓋,靜置約 10 分鐘。之後再溫熱一下,撈出肉桂棒與丁香，將香料酒倒入瓶子裡，即可飲用。

祕訣：不飲酒者，可以紅葡萄汁替代紅酒，但不另外使用蔗糖。_(註五)

補充：飲用香料酒的小祕訣

勿用劣酒當基底。烹煮或加溫香料酒的理想溫度是五十至六十度之間 (勿煮滾)。香料酒含有酒精，飲用時常不易察覺，不小心便飲酒過量。_(註六)

註一　　Fohrler, Dani & Wenger, Brigitte, "Anis, Zimt und Nelke: weihnachtlich und gesund" (13.12.2012). 茴芹、肉桂、丁香：聖誕季而且健康。

註二　　Magenbrot, wikipedia 瑪根麵包。 Magen 德文指胃部，Brot 是麵包。Magenbrot 含有讓胃部開心的香料麵包，如丁香、肉桂、八角與荳蔻。

註三　　Lang, Christina & Zimmermann, Krispin, "Der lange Weg der Weihnachtsgewürze", SRF (12.12.2016). 聖誕節香料的漫漫長路。

註四　　"Die Geschichte des Glühweins", Frankfurter Allgemeine (12.11.2002). 香料酒的故事。

註五　　Vin chaud (www.bettybossi.ch) 香料酒食譜。

註六　　APA/dpa, Glühwein, "5 Tipps für den besten Genuss", wienerin.at (17.11.2015). 五項祕訣，完美享受香料酒。

充滿正義感的飲食觀。

實踐愛瑞士的消費觀。

　　瑞士人熱愛國產品，而且愛得很徹底。只要是瑞士製造，他們多半心甘情願從褲袋掏出愛國牌錢包。舉個例子來說，先生再三叮嚀我，盡量購買紅底白十字旗產品，尤其肉品必得源自在瑞士畜養的動物。每次採買家用，我必定細讀標籤資料，讀到關鍵字「Hergestellt in der Schweiz(瑞士製造)」才放心地把商品放入籃子裡。超市的肉品依來源地，瑞士、奧地利、德國、匈牙利、斯洛維尼亞等價格呈溜滑梯直下，即使瑞士產製的價格位於金字塔頂端，每百公克雞胸肉售價瑞郎三塊三（合約新台幣一百零六塊），還是懷著感恩的心含淚買下去。

　　詢問我身邊的台灣太太們，不管 A 到 Z，每個人無不被瑞士的另一半忠告過，請支持瑞士製造。連先生是旅瑞法國人的台灣太太

A 也被她的先生叮嚀過，即使回法國探親也不要採買當地價格實惠的肉品，切記買肉只能在瑞士買。同時，越來越多的餐廳也大打國貨牌，例如有蘇黎世最好吃的漢堡之稱的 Korner 餐廳，標榜使用在瑞士畜養的蘇格蘭高地牛肉，把美麗多毛的動物當作宣傳品的模特兒。而麥當勞在瑞士則強力廣告其原物料源自本地，包裝打著斗大的「瑞士食材」，除非閉著眼睛吃飯，否則沒有人不會注意到這檔事兒。

肉品以外，瑞士當季盛產的生鮮蔬果與食品也廣受瑞士人歡迎。各連鎖超市看中同胞熱愛本土的情懷，因此推出區域性食品

標籤。Migros 的區域食品 Regional Food 標籤強調「來自本地，為了本地 (Aus der Region. Für die Region)」。COOP 的 Miini Region 主打地區附近農莊的精選產品。另外還有「親近山兒 (pro Montagna)」標籤，購買這些阿爾卑斯山產品等同支持當地農民。而 Volg 超市旗下則有村莊系列 Volg Feins，我家鎮上的 Volg 便販售地方上的養殖魚肉。（註一）在這些超市，除了看得見全國共同的基本民生用品，亦可選購來自鄰近農家的雞蛋、起司、優格、牛奶、果醬、水果糖漿、小點心等自製產品。

在瑞士，這顆愛地方物產的心，也進一步推展出一套保護系統。自一九九七年起瑞士立法推廣傳統特產的原產地與地理標誌的保護標籤，標示 AOP(原產地保護名稱) 或 IGP(受保護的地理標誌) 的產品代表自好幾個世代以來，由奶酪師、烘焙師、屠夫或釀酒師等專業人士所製作具強烈原產地特色的傳統特產。AOP 食品表示其原料取得、產品加工與完成品皆在所定義的原產地製成。目前共有二十一項產品通過聯邦政府登記，例如世界起司大賽常勝軍格魯耶爾起司 (Gruyère AOP)、瓦萊州黑麥麵包 (Walliser Roggenbrot AOP)、楚格櫻桃 (Zuger Kirsch AOP) 等。標示 IGP 的食品則表示產品於起源地製造或加工或是精煉。至今共有十二項特色產品合法登記，例如聖加侖小牛香腸 (St. Galler Kalbsbratwurst IGP)、瓦萊州肉乾 (Walliser Trockenfleisch IGP)、楚格櫻桃酒蛋糕 (Zuger Kirschtorte IGP) 等。（註二）

瑞士人愛鄉愛土，愛到最高點的表現之一應該就是每年國慶日，民眾相約至農莊吃早午餐的熱潮了。這個由瑞士超市龍頭 Migros 贊助舉辦的八月一日農莊早午餐活動，將標語「真好，有瑞士農夫。(GUT, GIBT'S DIE SCHWEIZER BAUERN.)」的精神發揮得淋漓盡致。當天各邦多個農莊主人當起辦桌老闆，在農場搭建臨時帳篷或使用農舍，擺設桌椅長凳，供應麵包、奶油、果醬、馬鈴薯煎餅、培根肉、荷包蛋、核桃派、蘋果派、蘋果汁、牛奶、優格等瑞士傳統早餐與當地特色美食。而來客只需支付固定金額約瑞郎三十塊 (約新台幣九百六十元)，便能吃得盡歡盡興。藉此機會，民眾同農莊主人和同胞同樂，順道參觀農莊，近距離接觸農莊動物，進而了解農民的工作與生活，亦可順便購買伴手禮，增加農民收入。最重要的是，藉由農莊經驗與這片土地產生連結，於心中種下「生於斯、長於斯、愛於斯」的種子，日後發芽茁壯。(註三)

　　瑞士人尤其熱愛國產巧克力，同時也是世界上巧克力消費量最多的民族之一。為了進一步保護瑞士製造產品，二○一七年瑞士聯邦政府執行瑞士共性標準之新商標法。過去，只要至少五成的製造成本或者重要生產工序在瑞士進行，即可稱為瑞士製造。新法的門檻為：民生用品必須至少有八成的原料重量源自瑞士，而牛奶與乳製品百分之百。工業品的製造成本得有六成以上在瑞上產生。(註四)讀到這裡，讀者應該跟瑞士人一樣為瑞士巧克力捏把冷汗。瑞士巧克力所使用的可可豆並非產自瑞士，依該法可能造成「號稱瑞士製造的巧克力從此在市場上絕跡」。好在，新法特別標明例外：因自然條件無法在瑞士生產或暫時無足夠量產的天然原料可排除在外。一如既往，吃瑞士巧克力還是愛瑞士的表現，對得起良心。

註一　Migros (aus-der-region.migros.ch), COOP (www.coop.ch), Volg (www.volg.ch).

註二　AOP 原產地保護名稱與 IGP 受保護的地理標誌 (www.aop-igp.ch)。

註三　瑞士國慶早午餐 (www.brunch.ch)。

註四　"Swissness: Verordnung über die Verwendung von schweizerischen Herkunftsangaben für Lebensmittel (HasLV) ", Bundesamt für Landwirtschaft BLW (05.01.2017), Art. 48b. 瑞士共性新商標法。

▌良心作祟的食品選購標準。

購買食品時，你的考量是什麼？美味、健康、賞心悅目、銅板價……。依據瑞士大報每日公報 (Tagesanzeiger) 的問卷調查，大約五千名受訪者購買食品的在意條件依序為：有機 (高達 65%)、區域性產品、瑞士製造、公平交易、健康、美味、蛋奶素、全素，最後才是低價 (約 4%)。(註一)

前一章已說明瑞士製造與區域性產品，本章節則著墨於天然、有機、環保與公平，後面章節將論述健康餐飲趨勢。

▌天然無食品添加劑。

　　許多瑞士人養成閱讀標籤的習慣，跟出家門要鎖門一樣熟練。成分表若列出 E 為首的號碼，表示此為食品添加物。在瑞士必須依法於包裝上明示食品添加劑，總共分為以下大類：食用色素、防腐劑、抗氧化劑／酸度調節劑、甜味劑、乳化劑／穩定劑／增稠劑／凝膠劑、抗凝塊劑／酸鹼度平衡劑、增味劑與其他，代號如 E211 苯甲酸鈉（防腐劑）、E330 檸檬酸（抗氧化劑）、E420 山梨糖醇（甜味劑）、E620 谷氨酸（增味劑）。（註二）這些 E 號碼有如紅色警戒，提醒消費者，這是含有食品添加物的非純天然產品，警示危害健康的可能（研究證明某些為致癌因子）。

　　家庭會議討論後，我和先生決定盡量力行低碳飲食，偶爾我會偷懶購買現成的素雞塊、鷹嘴豆泥球、蔬菜餅等素食產品，方便直接煎煮食用。某次，我先生一時興起讀起產品外包裝，便發現成分表內容精采，含有多種添加劑，便義正辭嚴地指示我應當避免購買這類加工產品，當下讓我覺得好糗。於國外觀光時，他一時忘我手滑買了好幾瓶當地酒精飲料，直到回家開瓶享用時，才猛然發現內容物集合多種香精，這起事件破壞了他在家中的養生達人形象！我曾經在綠茶添加一顆台灣甘梅宴客，整壺綠茶梅子甘甜解渴無人不喜歡。假如當下我告知他們梅乾駭人的二氧化硫、阿斯巴甜、檸檬酸、山梨酸鉀、苯甲酸鈉、色素等成分，大家可能會直接把嘴裡的茶噴出來吧！

　　基於不同立場與利益考量，也許有些人士會聲稱或反駁，某些食品添加劑是天然無危害的，符合國家標準的……。但以天然健康為出發點，我僅想表達：病從口入，最佳的養生方式就是吃真的食物！我們看不見加工食品的生產過程，食用自己料理的食物才是最值得信任的飲食方式。如果貪圖方便或想解嘴饞，只能盡量選購添加物較少的食品了。

▍有機環保與公平交易。

在瑞士逛市集或超市常見部分產品外包裝標示 BIO 一字，此字代表「有機」。瑞士境內常見的有機標籤有兩種：「瑞士花蕊有機」與「歐盟綠星葉」。只要貼上這些標籤，表示食品經過該單位認證，按照規定的有機農業方式種植、加工和儲存。有機農業是個鏈狀系統，不論農地、加工廠，甚至貿易商、商店或倉庫皆必須登記於有機認證系統中。有機品質的關鍵在於栽培過程中不破壞生態環境，不施以由藥劑、激素和合成化學物質所組成的農藥與肥料。

二十多年以來，有機農業和消費在瑞士持續耕耘與成長。根據二〇一五年有機農業研究機構 (FibL) 研究，在有機食品消費方面，瑞士是人均消費金額最高的國家，以二百六十二歐元居榜首。(註三) 就二〇一四年有機食品市占率分析，瑞士以 7.1% 居歐洲地區第二位，僅次於丹麥的 7.6%。(註四) 今日為求突破，瑞士有機業者正在為有機 3.0 共業努力，期許未來有機食品能超越常規品，成為市場主流。

有機飲食的意義為何？有些人覺得有機食物較為可口，個人認

為這是見仁見智的品味問題。此外，有機農產品也不見得比常規農業的營養價值高。無論如何，我認為選購有機產品等於以行動支持「土地資源的永續發展」，力行「積極性的健康生活概念」，比如避免把高農殘吃下肚的食品安全。歐洲研究指出，因環境汙染背景值（註五）有機農產品可能仍含低農殘，但無論如何農殘指數與重金屬含量皆遠低於以常規方式栽種的農產品。瑞士電視台 SRF 製播節目 Kassensturz（清點現金），透過實驗發現，即使只單吃有機食品，仍舊會食入農殘，但農殘量遠少於一般常規品。（註六）

　　身為有機大國，瑞士境內林立帶柑仔店味的純有機商店，方便「有機控」一次購足民生用品。對他人而言，即使有心實踐全有機飲食，但顧及經濟層面，不得已得向現實低頭，消費僅能以常規品為主。其實，執行有機飲食也可以吃得聰明，帶皮或整株食用的蔬菜如番茄、小黃瓜、甜椒、生菜沙拉等，水果如葡萄、桃子、莓果類等建議選購有機品質。而去皮或削皮後食用的橘子、蘋果、香蕉等可選用一般常規品。

　　瑞士地處溫帶大陸型氣候區且國土地勢高峻，蔬果與穀物的產量往往無法滿足內需，故需頻繁地向國外進口農產品與食品。瑞士食品業界，尤其有機業者非常注重食品的運輸細節。我曾向琉森某家有機食品同業發函通知：「針對貴司所訂購的商品，由於已無庫存，我司需緊急安排空運運輸。」豈知，這犯了業界大忌，負責採購的女士鄭重向我表示：「空運大量消耗能源且製造大量廢氣，非常不環保，我們寧可等貨，也不願意為了加快取貨速度而使用空運，請承諾以後僅安排海運運輸。」我的瑞士同事也告訴我，這一行真的處處講求環保。瑞士人為了實踐環保，即使缺貨導致營業額減少，也寧可選擇較長的交期，這態度真讓我不禁豎起大拇指稱讚！

　　農夫工作忙碌和生活辛勞，對社會貢獻良多，但務農工作得看天吃飯，若不幸遭遇天災，一切辛苦便付之一炬，大豐收時卻得面對一落千丈的收購價格。此外，農夫還得面臨經銷管道的層層剝削，尤其在全球化經濟操作下，這個狀況只有越發嚴重的趨勢。為了保護農民的生計，瑞士消費者重視原料產地的「公平交易」原則，確保農夫收入維持一定的水平，並另外透過計畫改善當地的生活品質以實踐「社會責任」。我任職的公司非常關心南美產區的童工問題，也曾補助當地校舍的修建工程。其他財力雄厚的集團則在非洲等地興建學校，進行水資源等專案。除了照護第三世界的農民與其家庭，這個理想也在瑞士本地實現，例如某些公司專門雇用身心障礙者從事產品貼標、包裝與裝箱，積極改善他們的收入。

　　一個人的飲食態度，多少能透露出他的價值觀。(Du bist, was Du isst.) 飲食可以僅只滿足口腹之欲，主觀地著重味美與價格。但假如每位消費者皆抱持這種心態，黑心食品便不可能在市場上絕跡，忽視品質也導致食品產業無法升級。每件食品背後都有個故事，當消費食品不只關於個人感官、荷包與健康，而延伸至生態保育、環境保護、支持在地經濟、愛護動物、行善等公共議題，何樂而不為呢！

註一　Möckli, Andreas, "Die Schweiz, ein Volk von Bio-Essern", Tages-Anzeiger (04.08.2016). 瑞士人，有機飲食的民族。

註二　"Verordnung des EDI über die in Lebensmitteln zulässigen Zusatzstoffe", Das Eidgenössische Departement des Innern EDI (25.11.2013). 瑞士合法食品添加劑清單。

註三　Willer, Helga & Arbenz, Markus, "Another record year for organic agriculture worldwide - 50.9 million hectares of organic agricultural land – organic market grows to more than 80 billion US Dollars, Research Institute of Organic Agriculture FiBL (09.02.2017). 全球有機農業新紀錄。

註四　Meredith, Stephen & Willer, Helga, "Organic in Europe, Prospects and Developments 2016", IFOAM EU Group, FibL, Marche Polytechnic University and Naturland (2016), p. 26. 有機在歐洲，展望及發展 2016。

註五　國家教育研究院詞彙解釋：指完全不受人為活動所汙染的土壤，此時所測得的各種理化性質稱為土壤背景含量或土壤背景值，它代表在特定環境下的土壤背景含量。但由於人類活動所造成的環境汙染與生態破壞，同時也影響土壤環境中各種元素及化學組成的含量與分布，因而提高土壤背景濃度，目前已很難找到完全不受人為影響的土壤環境，因此，現在所謂的土壤背景值大多以相對不受汙染影響的土壤為前提。(http://terms.naer.edu.tw/detail/1316064/)

註六　　"Bio vs. Konventionell – Die Unterschiede auf einen Blick", SRF (25.10.2015). 有機 vs. 常規──差異一覽表。推薦文章：林慧淳，<「有機＝農藥零檢出？」解答你對有機的六大迷思 >，康健雜誌網路版 www.commonhealth.com.tw (07.10.2014).

▌樂食快樂動物。

俗語說「相由心生」，外貌反映心理狀況。其實我們所吃的食物，也會影響我們的外觀、健康與行為。

著有「別吃進癌症：藉吃得聰明控制你的人生 (Don't Eat Cancer: Take Control of Your Life By Eating Smarter)」一書的西恩・大衛・科恩 (Sean David Cohen) 即表示：「吃進不快樂的動物，你也會變憂鬱。」（註一）如果動物生前豢養在狹窄空間裡，慘遭虐待或者在痛苦中死亡，肉質便會劣化，人類食用後可能導致身心不健康。相反的，若生長環境自然舒適，氣氛輕鬆愉快，牠們的肉品不僅美味，也可能傳遞食用者快樂因子。（註二）這些快樂動物們大量接觸大自然，尤其生長在符合有機規範的環境裡。另外研究也指出，由於有機畜養動物食用大量的有機牧草等天然飼料，不施打抗生素與成長激素，故其肉品較常規的含有更多的 Omega-3 脂肪酸、維生素、礦物質、抗氧化物等營養素。瘦肉比例高，脂肪含量也較少，例如瑞士有機雞肉的口感如台灣放山雞帶嚼勁兒。有機雞蛋殼較一般品堅硬，蛋白和蛋黃清晰分明，結締組織富有彈性，滋味豐美。（註三）

我是聞雞屎長大的鄉下孩子，老家附近有好幾座腹地超過好幾百坪的大型養雞場，過去成堆成排的雞屎就在露天水泥地曝曬，臭氣沖天，連狗兒也不想靠近。這些養雞場由好幾大排三層堆疊的籠子組成。成千上萬隻母雞就關在 A4 大小般的鐵籠裡，雞隻無法伸展身體，雞爪也無法踩實，比香港籠居的條件更加惡劣。然而，多年過去了，今日台灣的雞蛋源仍以籠養雞為最大宗。

　　早在一九九二年，瑞士即獨步全球成為第一個發布禁養籠養雞的國家，而歐盟遲至二十年後，二〇一二年才開始施行相關法令。至今，瑞士的自由放養蛋雞比例高達 73%(其中 15% 為有機)，居世界之冠。(註四) 另外，每顆雞蛋打印了身分證字號，以提供透明化資訊。第一碼代表雞蛋品質：0 有機放養雞蛋、1 自由放養雞蛋、2 無籠平面飼養雞蛋、3 籠養雞蛋 (瑞士禁養)，第二碼為產地：CH 瑞士、FR 法國、NL 荷蘭、DE 德國，第三碼為包裝業者編號 (非硬性規定)，第四碼為放置日期與第五碼雞場編號。(註五)

　　主張素食主義的「反對動物工廠協會」(Verein gegen

Tierfabriken) 以小蝦米對抗大鯨魚之姿，不定期突擊檢查瑞士全國境內的各大農場，甚至槓上超市龍頭 Migros 與 COOP 的合作業者，披露某些雞場濫用「自由放養雞」的名號，其實飼養條件仍有改善空間，例如雖然雞舍與放牧場連接通道，但放養區可見的走動雞隻為數不多，因此失去放養的本意。(註六) 即使如此，可以確認的是，最慘無人道的籠養雞已幾乎在瑞士絕跡。

多數台灣人愛吃生猛海鮮，講究新鮮味美，尤其最愛現點現吃生煮活跳跳的魚蝦。在瑞士，政府卻規定烹煮龍蝦前必須以專門電子器材將之麻醉，不能把龍蝦活活烹死。(註七) 瑞士人可是出了名的愛護動物，依動物保護法 (Tierschutzverordnung)，這項政策出自保護動物的精神，在動物到達死亡狀態之前，盡可能地免除牠的疼痛或減輕折磨。換個角度想，也可以藉此避免吃進龍蝦的負面情緒。

這幾年成為話題人物的瑞士農夫阿明 (Armin Capaul) 積極動員聯署公投，要求修改聯邦憲法，只要牛隻和羊隻保留頭上的角，依據數量飼主可獲得獎金獎勵。(註八) 為了避免動物互鬥受傷或者攻擊人類，割除常規飼養牛、羊的角是常見的事。但他認為，雖然切除過程使用麻醉劑，但待幾小時後藥效退去，動物仍感到痛苦不堪，而且在心中留下陰影。為了替動物發聲，他散盡家財，只求能保住牛角和羊角。雖然此案因觸及憲法和政府預算，而有實現的難度，卻已引起全瑞士各大媒體與眾人的關注。話說，阿明一股腦兒投入為動物發起公投的傻勁與堅持，跟台灣愛護流浪動物的動保人士一樣，皆值得我們尊敬。

註一　Cohen, Sean David, Don't Eat Cancer: Modern Day Cancer Prevention, (Virginia: Koehler Books, 2014).

註二　Hartinger, Werner, "Die Streßhormone" (www.zentrum-der-gesundheit.de/pdf/fleisch-02.pdf). 壓力賀爾蒙。

註三　Niggli, Urs & Hämmerli, Franziska, "Klare Unterschiede in der Qualität von Milch und Fleisch zwischen biologischer und konventioneller Produktion", Research Institute of Organic Agriculture FiBL (16.02.2016). 有機與常規品質奶肉間的顯著差異。

註四　Seiler, Pia, "Etikettenschwindel im Eiermarkt", Beobachter 6/2015 (20.03.2015)。雞蛋市場的標籤謊言。

註五　Rückverfolgbarkeit bei Eiern (www.eiag.ch) 雞蛋的可溯性。

註六　Kessler, Erwin, "Landesweiter Grossbetrug mit Bio- und Freiland-Eiern", Verein gegen Tierfabriken VN 09-1 (09.2009). 全國總詐欺，有機與放養的蛋。

註七　Kündig, Camille, "Die Hummer zu betäuben, wird teuer und aufwendig", 20min.ch (26.10.2016), p.3. 麻醉龍蝦既昂貴又費力。

註八　Hornkuh (http://hornkuh.ch/de/hornkuh-initiative/) 牛角公投提案。

健康餐飲大趨勢。

型男潮女吃素。

　　根據 Statistia 數據，台灣躋身二○一六年世界素食大國之列。
(註一) 早期台灣人吃素不脫宗教因素，素食店老闆與來客常開口閉口
稱呼師兄師姐，可見客群多為善男信女。當代由於健康意識高漲，
也助長吃素風氣。而以肉類為主食的歐美國家如瑞士，其食素人數
近年呈現穩定成長，今日約 14% 的瑞士人口食奶蛋素 (11%) 或全
素 (3%)，另外約 17% 為彈性素食主義者 (Flexitarier)。意即約三分
之一的瑞士人口有意識地不吃葷或者少食肉。(註二)

　　瑞士流行的素食方式主分為：可食用蛋與乳製品的蛋奶素
(vegetarisch)；放棄蛋、奶與蜂蜜等所有動物性蛋白質來源的全素
(vegan)。而瑞士人吃素的兩大因素為「動物福利與道德」和「環境
保護」。友人 M 的母親小時候家中飼養一籠兔子，她為每隻兔子命

名，每日與牠們玩耍，感情甚篤。有天，家裡煮了道好美味的燉肉，她向長輩問道這是什麼肉啊，怎麼那麼好吃，得到的回答竟是：「這是邦妮 (Bunny)。」，她最心愛的小兔子之一。這種情況有如親友離世，也在心裡種下了陰影。不少在農莊長大或者從小親近動物的瑞士人應該都有相同的回憶。這些愛護動物人士極可能成為素食主義者並積極影響生活圈內的親友。

　　為何全素者不食用乳製品呢？他們認為，畜養乳牛的環境日照短且空間有限，生活條件並不人道。常規乳牛得被割除牛角，忍受身體痛楚。牛隻約五歲時，因生產力下降便被宰殺 (一般壽命長達二十年)。為了長期供應牛乳，乳牛必須長年保持懷孕狀態，因此

常為乳腺炎所苦。另外，小牛一出生後便與牛媽媽分離，來不及長大的小公牛還會變成肉品市場裡的好幾塊包裝肉。

　　然而，為何也不吃蛋製品呢？全素者質疑，大宗的自由放養雞的畜養仍有不「雞」道對待之嫌疑，例如母雞約一歲半時即被宰殺（一般壽命可達十至十五年）。即使瑞士已禁養籠養雞超過四分之一世紀，但籠養雞蛋仍透過進口方式進入境內，製成奶油麵包、雞蛋麵食、醬料、甜點、餅乾等加工食品。另外，為了避免母雞互鬥互啄，多數雞隻的上喙勾被特別處理，但雞喙是高敏感器官，去掉此處等於造成感官功能障礙。此外，無法生蛋又不能有效養成肉品的公雞，因低經濟性，每年約有兩百萬隻孵化後的小公雞慘遭屠殺。（註三）以上皆非全素者所願，也是瑞士業者著手進行的改善事項，例如某些農場日益投入畜養公雞並販售其肉品的工作。因資源有限造成成本提高，許多瑞士民眾便表態，為了支持小公雞的生存，願意以更高的價格購買雞蛋。（註四）

　　環保方面，畜養牲畜在養殖與運輸方面比種植蔬果需要更多的養分、能源、土地與水，例如培養一公斤牛肉消耗約一萬五千公升的水。今日全球牲畜共約有一千五百億隻，遠比七十二億的人口數多，所產生的溫室氣體更占總體的 14.5%。（註五）別忘了，瑞士有支叫做「瑞士綠黨 (Grüne Partei der Schweiz)」的環保黨。瑞士人具有高度環保意識，認為力行茹素即愛護地球的體現之一，因此環保人士非常熱衷此道。附帶一提，瑞士最大的素食族群來自德語區的年輕女性，而且這些素食者多半具備良好的教育背景。

值得注意的是，高達三成以上的瑞士人口具有食素意識，其背後最大的動機乃「健康因素」。(註六) 倡導素食飲食的海涅希醫師 (Dr. Ernst Walter Henrich) 表示，許多科學研究指出，素食者比葷食者較少患上心臟病或高血壓，且罹患某些癌症的風險也較低，但必須盡可能的變化食物內容，以保障各種營養素的取得。由於放棄肉食，尤其建議補充適量的維生素 B12 以及鈣、碘、鐵、鋅與 Omega-3 脂肪酸等營養素。重要的是，嬰兒、幼童、孕婦與哺乳期的媽媽或老年人不應純素飲食，否則可能導致營養不良等問題。如有必要，應在正規醫生指導下進行。(註七)

　　市面上常見滿足素食者感官的精緻素食品，台灣傳統市場便充斥可能摻混葷食或者成分不明的素食產品。無論台灣或瑞士，這類加工食品高油高鹽又含添加物，食用過量皆可能導致慢性病。從前，我誤以為痛風是葷食者的專利慢性疾病，後來家族中有長年茹素的長輩罹患此病症，才恍然大悟吃素也要吃對，否則健康也會受損。

　　在素食或選擇性素食風氣的加持下，瑞士素食餐廳 HILTL 與旗下的 tibits 在瑞士境內不斷展店，顧客多為年輕人與辦公室之流的型男潮女。同時，許多餐廳也另外供應素食餐點。連各大超市也供應各式各樣的素食食品，甚至規劃素食專區。有位任職瑞銀總部的友人 S 提過，他有三位妹妹，一家六口曾有一段時間放棄肉類改吃豆腐，只因他父親認為消費豆腐比較經濟省錢。在富裕的瑞士社會裡，聽到這項吃素理由猶如耳聞都市傳奇令人震驚，但是我竟然也日漸有所理解。即使我現在無法完全放棄肉品，但多為健康著想，決定彈性地食用素食，另外還可以節省荷包，兩全其美實在是件很酷的事！

註一　Länder mit dem höchsten Anteil von Vegetariern an der Bevölkerung weltweit (Stand: 2016) (https://de.statista.com/). 世界高密度素食人口國。

註二　Veg-Umfrage 2017 (www.swissveg.ch/veg-umfrage) 素食習慣大調查。

註三　Vegan (https://vegan.ch/) 純素主義理念。

註四　Müller, Roger & Fritsche, Peter, "Getötete Küken: Millionen Tiere könnten gerettet werden", SRF (31.05.2016). 被撲殺的小公雞：百萬動物得已被拯救。

註五　Challaney, Brahma, "Fleisch, der heimliche Umweltzerstörer", Tages-Anzeiger (09.07.2019). 肉品是隱藏的環境破壞者。

註六　"Studie von Coop Délicorn: Schon 40 Prozent Flexitarier in der Schweiz", Die Coop Marktforschung (19.09.2012). 瑞士已有四成彈性素食主義者。

註七　Heinrich, Ernst Walter, "Vegan oder vegetarisch" (www.swissveg.ch/node/513). 純素或蛋奶素。
Meisser, Reto, "Ernährungstipps für Veganer", Migros Magazin-Ausgabe 2 (09.01.2017). 給純素者的營養建議。

▍吃了不再過敏的食物。

我在有機食品業界與終端客戶接觸的經驗中，發現不少瑞士人吃這個過敏，吃那個也過敏。工商服務時我常被他們詢問，我們所販售的食品成分是否含有堅果、牛乳、麩質、果糖，甚至有些人連香蕉、芒果、鳳梨等熱帶水果也碰不得。因為收到太多這類疑問，聽聞許多人細數他們避免飲食的食物項目，一時我再也無法壓抑心中的大問號，便轉身向具專業知識的店家客戶諮詢，是否不少瑞士人患有食物過敏症。而我得到的答案是肯定的。

吃進什麼食物讓你感到不適呢？其實，討論食物過敏議題時，首先得澄清一個迷思：並非只要身體對飲食呈現負面反應皆稱為食

物過敏。實際上，食物過敏 (Nahrungsmittel Allergie) 與食物不耐症 (Nahrungsmittel Intoleranzen) 兩者不能混為一談。前者專指免疫系統感應食物時所產生的異常反應，釋放免疫球蛋白 (IgE) 產生防禦狀態，打擊以為有害的蛋白質，因此飲食後造成嘴唇、舌頭、臉頰、喉嚨等黏膜腫脹，嘔吐、胃部或腹部絞痛、腹瀉、濕疹、蕁麻疹、哮喘等立即明顯症狀，嚴重者甚至出現過敏性休克。(註一) 食物不耐症乃指食物過敏以外對食物產生的不良反應，由於身體失去部分或完全消化食物中某種物質的能力，因此導致消化不良。瑞士過敏中心 (Allergiezentrum Schweiz) 指出，約五分之一的瑞士人認為自己對某些食物過敏，事實上僅約 2% 至 8% 具有這個問題。相對地，患有食物不耐症的人口則高達五分之一。(註二)

　　常見的食物過敏原為蛋、牛奶、乳製品、魚類、貝類與甲殼動物 (蝦、螃蟹、龍蝦)、蘋果、芹菜與胡蘿蔔、堅果、花生、芝麻、黑麥、甜椒、香料與黃豆等。(註三) 在瑞士，常見的食物過敏還包含因食物與花粉互相影響導致的交叉過敏。花粉症是瑞士人的國民病，高達七成的樹木花粉症患者表現出食物交叉反應。能產生食物交叉反應的植物明細為：

樺木 ─ 堅果 ─ 果仁綜合症
樺木、橙木、榛果木 (一月至四月)
水果和核果 (蘋果、梨、李子、杏桃、櫻桃等)、榛果、核桃、杏仁、番茄、胡蘿蔔、芹菜、芒果、鱷梨、茴香、獼猴桃、荔枝等。

艾蒿—芹菜—香料綜合症

艾蒿（七月與八月）

芹菜、胡蘿蔔、茴香、朝鮮薊、洋甘菊、胡椒、芥末、時蘿、香芹、香菜、香芹子、大茴香、葵花子等。

其他典型的交叉反應

草類（五月至七月）

花生、生馬鈴薯、黃豆、獼猴桃、番茄、香瓜、玉米、薄荷等。(註四)

　　例如樺樹花粉症患者食用蘋果後，可能產生食物過敏，導致身體不良反應。閱讀這張列表之後，可能你跟我一樣開始同情花粉症患者，因為這些禁忌蔬果幾乎包山包海，一不小心即可能吃入炸彈，爆發過敏性症狀。

　　如同食物過敏，腹痛、腹脹、腹瀉、便祕等消化不良問題也是食物不耐症的症狀。但進一步的反應尚有疲勞、紅腫、皮疹、頭痛（偏頭痛）、循環系統疾病與風濕問題。由於徵狀的產生呈漸進式，故難以察覺是否與食物不耐症有關。食物不耐症大致分為乳糖不耐症、果糖不耐症、組胺不耐症與麩質不耐症。前兩者較為人所知，瑞士某些體貼乳糖不耐症或純素者的咖啡館，便提供咖啡加「豆漿」的服務。

　　患有組胺不耐症的瑞士人占全體的 1%。組胺乃炎症調節上扮演重要角色的組織激素與神經遞質。不只人體製造自然的組胺，通常身體也以酶輔助透過小腸從食物中吸收組胺。多數人可安心攝取含組胺的食品，但某些人因缺酶感到消化不適，即為組胺不耐症。
_(註五)典型的組胺不耐症具有皮膚發紅、噁心、嘔吐、腹瀉、腹痛、
低血壓、頭暈、心跳過速、流鼻涕、頭痛、紅眼、嘴唇發腫等症狀。
針對組胺不耐症，飲食方面必須避免：發酵、熟化或釀造發酵食品，
例如含酒精、醋、酵母和細菌的食物，重複加熱或長期存儲的產品。
越是易腐壞和含有高蛋白質的成分，越需要重視新鮮度和保持期限。
以下為部分的高組胺食品：

肉類：香腸、火腿、燻火腿、培根、肉乾等加工肉品。
魚類海鮮：鮪魚、鯖魚、沙丁魚、鳳尾魚、鯡魚、鬼頭刀魚 (罐頭、

醃製或曬乾）、魚醬等。

乳酪：所有的軟、硬乳酪。

蔬菜：酸菜、菠菜、番茄、番茄醬、茄子、鱷梨等。(註六)

　　麩質乃麥類作物中所含的黏合蛋白。含麩質食品透過自身免疫反應會破壞麩質不耐者的小腸黏膜，損傷小腸絨毛，導致腸表面積減少，使得營養難以吸收，因此可能缺鐵導致貧血，其他尚有精神不濟、腹瀉、便祕、反覆性腹痛、骨痛、重量減輕、專心度不足、心情抑鬱、不孕等症狀。在瑞士，約有 1% 人口深受麩質不耐症影響。麩質不耐症者應避免食用麵包、餅乾、麵食等麥類製成品，理想的碳水化合物來源為馬鈴薯、玉米、米、蕎麥、藜麥、小米、栗子等，也適宜攝取肉、魚、蛋、奶及乳製品、蔬果、植物油等未加工食品。(註七)

　　依前述，麩質不耐症是很傷腦筋的疾病，影響所及的病症族繁不及備載。即使部分瑞士民眾並不確認自己是否為麩質不耐症者，卻先患上了過度焦慮的疑心病，紛紛實行無麩質飲食。尤其，自從無麩質飲食被葛尼絲‧派特洛、麥莉‧賽勒斯、米蘭達‧可兒等知名人物炒紅後，這些年「無麩質飲食」成為瑞士熱門話題與飲食趨勢。不只麩質不耐症者，連一般民眾也躍躍欲試，許多食品包裝因此紛紛打上無麩質 (Glutenfrei) 或無敏感原標籤以吸引消費者的目光。(註八) 今日，過去只餵亞洲人胃的米果，已是瑞士各超市的必備產品。原產自南美的藜麥也出現在一般瑞士家庭的餐桌，餐廳也開始販售藜麥沙拉或藜麥漢堡。

避免身體對食物產生異常反應的基本原則是「避免食用導致過敏和不耐症的食品」，因此務必釐清敏感原。購買食品時，得閱讀標籤或者聯絡製造商以釐清內容物。若外食，則必須細讀菜單或者詢問服務人員食材內容。潛在的過敏性休克者千萬得注意飲食，可隨身攜帶包含速效抗組胺劑 (Antihistaminikum)、糖皮質激素 (Glukokortikoid) 和腎上腺素準備 (Adrenalin-Präparat) 的急救包應急。（註九）此外，因為飲食上必須放棄某些敏感原，就得萬分注意是否產生飲食不均衡，所以最好向醫師或專業人士尋求協助。

　　一般慢性病徵的食物過敏或不耐症者不易察覺敏感原，交叉過敏更是複雜難解，故必須從日常生活與飲食習慣中抽絲剝繭，土法煉鋼地一項項檢視到底身體不適應哪些食物。我先生就是食物不耐症患者，我們手邊有份醫生提供的可能敏感原列表，列出的食物品項高達上百種，他必須依照此份清單實驗飲食，以身心感受吃下肚的是否對健康產生負面影響，其中包含了常用來爆香炒菜的洋蔥和大蒜，真叫我不知該如何下手烹煮。另外，隨著年紀增長，我體會到高組胺加工食品如西班牙臘腸和獵人香腸讓我消化不良，吃太多甜椒使我脹氣。漸漸的，我也可以跟交流過的瑞士人一樣，列出自己的不耐症清單。其實，病真的從口入，而且能吃就是福！

註一　　　Nahrungsmittelallergie, Allergiezentrum Schweiz (www.aha.ch) 食物過敏。

註二　　　Onmeda-Ärzteteam, "Lebensmittelallergie (Nahrungsmittelallergie) ",
　　　　　　、

Beobachter. 食物過敏。

註三   Merz, Lisa, "So entlarven Sie Unverträglichkeiten", Schweizer-Illustrierte (24. 05.2015). 如此揭露不相容性。

註四   Kreuzreaktionen, Allergiezentrum Schweiz (www.aha.ch) 交叉過敏。

註五   同註二。Onmeda-Ärzteteam, "Histaminintoleranz (Histaminunverträglichkeit, Histaminose)", Beobachter. 組胺不耐症。

註六   Histaminintoleranz, Allergiezentrum Schweiz (www.aha.ch) 組胺不耐症。

註七   Glutenintoleranz, Allergiezentrum Schweiz (www.aha.ch) 麩質不耐症。 "Glutenfreie Ernährung (Ernährung bei Zöliakie) ", Migros-Genossenschafts-Bund (09.2013), p. 3. 無麩質營養攝取。

註八   瑞士過敏中心基金會為自 2006 年發展的無過敏原標籤之認證機構。以下網站可查證各類民生用品是否為無過敏原 www.serviceallergie-suisse.ch/seiten/produkte-mit-guetesiegel/?oid=53&lang=de &p=G:;/#/index

註九   同註一。

學山頂洞人飲食？

低碳水化合物飲食法。

　　這幾年最常在瑞士媒體曝光的飲食法就是低碳水化合物 (low carb，以下簡稱低碳飲食)。瑞士發行的 JOY 雜誌「五十道低碳食物與食譜」特刊的引言聳動，「因為碳水化合物阻礙脂肪燃燒，若少吃碳水化合物，等於加快減肥速度。尤其晚餐得放棄麵食和麵包，改吃蔬菜和水果，這樣一來，睡眠時還能燃脂瘦身呢。」(註一) 我耳邊突然響起先生的忠告：「想要減重，晚上就不要再吃麵包、義大利麵、馬鈴薯或白飯了。」但不吃碳水化合物，有如滷肉沒有飯配，令心情不開心，所以我的減肥之路漫漫長路阿……。

　　近代低碳飲食法的始祖是一九七〇年代羅伯特・阿特金斯博士 (Dr. Robert Atkins) 推廣的阿特金斯飲食法 (Atkins-Diät)。依此法，初始階段每日僅能食用蛋白質與油脂，以及二十公克 (原僅五公克)

以蔬果為來源的碳水化合物。另外以服用營養品的方式補充維生素和礦物質。兩週後每週提高碳水化合物五公克。若減重效果不佳，則須每週下調碳水化合物五公克。第三階段每週可提高十公克，直至找到合適自己的碳水化合物份量。最後達到目標體重時，得以攝取大量蔬果和肉類，但僅能偶爾進食麵食和馬鈴薯。此理論認為，相對於碳水化合物，人體無法以脂肪型態儲存蛋白質，低碳水高蛋白飲食法讓身體能量來源轉從脂肪取得。（註二）

　　幾十年來，不斷有好萊塢明星與美國政要如前總統柯林頓聲稱使用此法成功減重，話題女王金·卡達夏更是以進化版的阿特金斯 40 飲食法 (The Atkins 40 diet) 於產後半年內減輕三十公斤，使得阿特金斯這個名詞一直火紅至今。（註三）可是，不斷有研究指出缺乏碳水化合物和大量的食用肉品可能導致粉刺、便祕、腎功能衰竭、

肝功能損害、心血管疾病與提高中風風險。（註四）我有位德國友人曾以阿特金斯飲食法於短時間內瘦身成功，由於缺乏運動，導致身材不佳，同時便祕問題一直困擾著他。之後稍加不注意，他便復胖了，有如拍照前憋氣，拍照後馬上鬆懈的肚子一樣洩氣。

四十個年頭過去了，當代升級版的低碳飲食法和阿特金斯飲食的最後階段相當相似。一般瑞士人每日碳水化合物的攝取約占總熱量的 50% 或 60%。今日低碳飲食法則無統一的攝取值規定，嚴格執行者食用約占總熱量的 15% 至 20%，有些專家認為介於 20% 至 30% 為可接受的比例或者規定每公斤體重兩公克碳水化合物。（註五）整體而言，低碳飲食法重點在於避免食用高糖水果、穀類、麵食、馬鈴薯、糖，轉從蔬果中攝取碳水化合物。除了優質蛋白質和油脂，亦可吃堅果或喝飲料作為餐間點心。（註六）但此減肥法提倡禁食穀類或麵食，頗造成追隨者的烹飪困擾。沒有披薩餅、義大利麵、白米……這該怎麼煮呢?! 指導低碳飲食的食譜因此大道其行，紛紛介紹可行的替代食材與料理法，例如白花椰菜可取代白米作米飯，細條狀櫛瓜、茄子、小黃瓜或紅蘿蔔可充當麵食，以杏仁粉取代麵粉製作杯子蛋糕或鬆餅，以蛋白替代麵粉原料製成麵包。原來低碳飲食可以如此千變萬化。

低碳飲食法，顧名思義在於控制碳水化合物的攝取量。此外還有一種與低碳飲食法概念極為類似，參照原始人飲食內容而命名為山頂洞人飲食法。

▌山頂洞人飲食法。

美國科學家勞倫‧柯爾丹博士 (Dr. Loren Cordain) 於二○○二年起論著「多肉少穀類與多活動」的山頂洞人飲食生活觀。遵循兩百萬年前至兩萬年前原始人打獵和採集生活的飲食方式，禁食畜牧和農業時代所發展出的穀類、糖分、鹽分和其他加工製品。(註七)他認為當代飲食方式導致胰島素抗性，因此引發不同類型的糖尿病。參照原始人的飲食應能避免心血管疾病、高血壓、關節炎與免疫系統疾病，並降低癌症風險。(註八)專家如何推敲出好幾萬年前人類老祖宗吃什麼、怎麼吃、生什麼病，是件很富有想像力且不簡單的事。

著有低碳飲食書的瑞士作家蘿咪‧朵樂 (Romy Dollé) 曾以六週時間力行山頂洞人飲食法，期間僅以蛋白質、油脂、葉菜蔬菜，以及每日三十公克的碳水化合物維生。實驗過後，她發覺自己的頭腦得以隨時保持清醒。唯一的缺點是眼睛乾澀，但此毛病於提高兩倍的碳水化合物後解除。(註九)此外，有力行者聲稱，此飲食習慣為工作表現帶來正面影響，且可隨時積極地滿足另一半。

同時，山頂洞人飲食法的負評不斷。有人認為，此飲食汏類似阿特金斯，阻斷碳水化合物的攝取，且過於鼓勵食用肉品。(註十)部分專家認為此法存在迷思，因為幾萬年以來人類的基因早已改變，當時可取得的某些食物已完全絕跡。此外，當代人生活於壓力之下，飲食習慣應與原始人有所區別。若完全放棄碳水化合物，恐造成營養不均，身體製造過少現代人所需能穩定情緒帶來愉悅感的血清素。遠古時代和現代的生活方式大相逕庭，舊石器時代人類得到處奔波狩獵才能取得肉類，甚至有時遭受挨餓之苦。許多現代人以汽車代步，可於肉鋪輕易取得肉品，所以所需的熱量遠無法和原始人相比。(註十一) 針對原始人壽命普遍低於二十五歲而現代人生命超過半世紀，因此山頂洞人飲食法可能導致短命的疑慮，創始人回應，古代缺乏衛生觀念與醫療，故原始人容易早死於感染或意外創傷。另外，當時並不存在今日世界所承受的文明病。(註十二) 雙方猜測確實有其道理，但在「時光機」尚未發明與原始人絕跡的今天，這些想像都無法完全獲得證實。

撇開遠古生活的想像，著有「低碳飲食騙局 (The Low Carb Fraub)」一書的柯林・坎貝爾博士 (Dr. Colin Campbell) 站在營養學角度，認為低碳飲食放棄穀類，導致營養素缺乏，低碳、高蛋白、高油脂導致膽固醇過高，等於把人類推向心臟疾病與癌症的深淵。此外，攝取過量的肉類可能引發皮疹、抽筋、口臭等問題。他倡導只需減少食用精緻食品，多吃蔬果、穀類等天然食物，便能維持健康。(註十三) 說實在話，不論阿特金斯或山頂洞人等低碳飲食法在管理碳水化合物方面頗為嚴苛，不太符合當代人的飲食習慣，確實難以全面執行。況且，吃太多葷食恐增加腎臟負擔，引發慢性疾病。因此，一定要向大家推薦瑞士盛行的另一種飲食觀念──純淨飲食。

▋純淨飲食。

二〇〇七年起托斯卡・雷諾 (Tosca Reno) 出版一系列純淨飲食叢書 (Eat Clean Diet)，推廣純淨飲食 (clean eating) 的生活概念(註十四)，其關鍵在於「不吃加工食品」，禁吃速食，以及以精糖、反式脂肪、色素、甜味劑或白麵粉等製成的加工食品。此外，盡可能食用天然的新鮮蔬果、瘦肉、魚類、未加工乳製品、全穀類或堅果，並提倡有意識的飲食習慣，推廣吃得好 (品質) 與慢食精神，自動減量與少量多餐。她也鼓勵在家下廚，做菜不是為了填飽肚子，而是享受過程。(註十五) 這些聽起來是不是很耳熟呢？純淨飲食可說

是推廣老奶奶吃飯方式的飲食觀念。

大致上，純淨飲食的基本規則有：
• 有意識地選擇富含營養素和來源正確的食物。例如不吃空無養分的垃圾食物
• 避免食用含糖分、精緻穀物與精緻油脂的加工製品。基本上可攝取碳水化合物，但必須是具低升糖指數且增加飽足感的全穀類。
• 從不跳過任何一餐，尤其是早餐。執行少量多餐，約六餐。
• 自行調整適合身心狀況的飲食份量。
• 每餐食用營養均衡的健康脂肪＋瘦肉蛋白質＋碳水化合物。
• 食用健康的油脂。
• 每日飲用二至三公升的水。(註十六)

　　也許你已發現，上述的飲食方式與觀念多源自美國，專為許多患有肥胖症的美國人設計，為何在瑞士發揚光大呢？山頂洞人飲食法倡導人勞倫‧柯爾丹博士認為最大因素在於，相較美國人，瑞士人具有更強烈的健康意識，因此願意接收新知並以身體力行。(註十七) 做為行動派，這些瑞士人的強大執行力讓人佩服。

　　世界上沒有完美的飲食法，就算低碳飲食法劣評不斷，仍有值得參考的建議，例如應當少吃如餅乾、蛋糕、碳酸飲料、果汁等高碳水化合物食品。其中，山頂洞人飲食法也鼓勵現代人多活動。無論如何，每個人的體質與健康狀況大不相同，若有飲食控制的需要，務必向醫生或專業營養師諮詢。個人認為，純淨飲食法的觀念非常

值得大家參考。整個飲食的上中下游過程應當是享受的、快樂的而且健康的。品質最信得過且最美味的，應該是以自己精心挑選的食材用心烹飪的食物了。再忙，也要試著動手下廚去！

註一　Bergmann, Sven & Maiworm, Jana & Schuberth, Anja, "Low Carb Rockt! ", ein extra von JOY 3/17 (03.2017). 低碳搖滾！

註二　Atkins-Diät, wikipedia 阿特金斯飲食法。

註三　根據美國時人 (People) 報導，依阿特金斯 40 飲食法，身高約 159 公分的金‧卡達夏仍得以攝取蔬菜、義大利麵和馬鈴薯，每天攝取低於 1,800 卡的熱量，主要食用魚和火雞肉，外加密集的健身運動。

註四　Hauner, Hans, "Risiken kohlenhydratarmer Diäten", Dtsch Arztebl (2005). 缺乏碳水化合物的飲食風險。

註五　Vontobel, Werner, "Low-Carb oder Paleo? Greif ruhig zu!", Blick am Abend (29.08.2014). 低碳還是山頂洞人飲食法？安靜地多吃一點。Florek, Andreas, "We love Low Carb! ", Shape (03.2017).

註六　同註一。

註七　Steinzeiternährung, wikipedia 山頂洞人飲食。

註八　K. Müller, Franziska, "15 Prozent Sünde sind immer erlaubt", Blick (29.08.2016). 允許 15% 的罪惡。

註九　同註四。

註十　Peppers, Margot, "Are low-carb diets BAD for you? Nutrition expert claims giving up grains can lead to heart disease and cancer", Dailymail (24.02.2014). 低碳飲食對你不好嗎？營養專家認為放棄穀類能導致心臟疾病與癌症。

註十一　Bauer, Nadine, "Essen wie die Höhlenbewohner", Schweizer Illustrierte (25.11.2013). 跟原始人學飲食。

註十二　同註七。推薦大家位於義大利波爾查諾的冰人奧茲 (Ötzi) 博物館，得以一窺 5,300 年前遠古人類生活的究竟。去年筆者曾參觀過，並滿足對當時生活的想像，受益良多。(www.iceman.it)

註十三 Campbell, Colin, The Low Carb Fraub, (Texas: BenBella Books 2014).

註十四 托斯卡‧雷諾的純淨飲食 (http://toscareno.com/eat-clean/).

註十五 Freutel, Linda, Clean Eating Trend Diät (femininleben.ch). 純淨飲食，飲食趨勢。"Clean Eating – So isst man «sauber» ", Blick (06.01.2017) 純淨飲食──吃得潔淨。

註十六 同註十三。

註十七 同註七。

▌超夯的超級食物。

也許你已察覺:「今日,飲食除了著重健康,也透露出個人品味與態度。」其實飲食也是流行趨勢之一。雖然多年前葡式蛋撻曾紅遍台灣,現在卻幾乎銷聲匿跡。前陣子馬卡龍正紅,但瘋潮一過,連最知名的巴黎名牌也得退出台灣市場。就連團購美食冠軍榜也常常易主。論及健康飲食法,上個世紀輿論怪罪油脂是肥胖原罪,導致大家卯起來啃草(燙青菜)。自阿特金斯減肥法流行以來,低碳飲食主義者把碳水化合物的份量當作考試成績錙銖計較。

每年十一月蘇黎世舉辦的慢食展 (Slow Food Market)⁽註一⁾為瑞士飲食文化的風向球。參展時,我接觸了眾多瑞士終端消費者,

觀察他們的喜好。其中，有機、天然、無添加物以及區域性食品廣受民眾喜歡，尤其不能錯過這幾年來在瑞士一直很夯的「超級食物」。超級食物之所以能超級的原因在於：「富含營養成分且能有效促進健康。」(註二)

　　狹義上，超級食物的條件為有機農耕、不含添加物、生食品質 (加工溫度不超過四十二度，以保有能量)、素食、易於消化、富含強健身體和強化免疫力的營養素、得以進一步支持健康、預防疾病和早衰。(註三) 舉凡來自異國的馬卡 (Maca)、卡姆卡姆果 (Camu Camu)、角豆 (Carob)、可可豆、雪蓮果 (Yacon) 等都是常見的超級食物原料。它們通常被製成粉末、膠囊、糖漿或蔬果乾，易於消化並方便食用。主要吸引的族群有欲均衡營養的減肥者、患病者、健身者，以及因飲食習慣必須補充特定營養素的乳糖不耐症者、麩質不耐症者與素食者。例如食用馬卡產品能補充純素者容易缺乏的鈣、鐵、鋅、蛋白質，而奇亞籽與印加銀曲堅果提供魚類常見的 Omega-3 不飽和脂肪酸。無麩質且富含蛋白質的藜麥，是麩質不耐症患者理想的營養來源。

　　瑞士境內的超級食物原料多半自國外進口，來源是否可靠且運輸過程中仍保有營養價值是令人關心的議題。其實，這些加工簡單與符合生食品質的原料仍保有營養成分 (工廠送測證明)。購買時，最好選擇值得信賴的廠商並檢查產品的外包裝 (最好不透光)。目前市面上含有最高天然維生素 C 含量的食物是卡姆卡姆果，具最多抗氧化物質 (Orac) 的是智利酒果 (Maqui)。(註四) 連我們在台灣從小吃到大的中醫食補材料「枸杞」，在瑞士也被視為超級食物。除了富含維生素 A 可照護眼睛，枸杞亦含有鐵質與抗氧化物質。其他台灣日常生活中常見，也被瑞士人推崇的超級食物尚有高鈣的黑芝麻和富含鐵質的南瓜籽呢。

　　二〇一五年底出版，曾高居瑞士總書類排行榜第一名的超級食物食譜書「吃得好，而不是吃得少。(Eat Better Not Less)」最能代表超級食物的熱潮現象。當時十九歲的演藝學校學生與部落客納丁亞‧達瑪索 (Nadia Damaso) 因此一炮而紅，登上瑞士各大報紙雜誌，甚至現身熱門電視節目，現在可是炙手可熱的美食紅人。寫作緣起於，她以交換學生的身分在加拿大居住時胖了十公斤，因而思考如何以健康又不用放棄美食的方法減重。後來，她發現關鍵在於：「身體需要能量得以消耗熱量，還得攝取維持飽足感的健康食物。」(註五) 她個人尤其推崇香蕉、椰子、生可可粉、莓果類、馬卡粉、燕麥、藜麥、椰棗、芝麻醬 (Tahini) 與各式堅果，時常運用易於消化的熟香蕉作為天然甜味劑，用來調理奶昔與冰沙並製作冰淇淋。(註六) 因為我任職的公司曾是達瑪索小姐的贊助商，所以我曾與她見過幾次面。她本人素顏膚質極優，面帶甜美笑容，身材瘦削卻精實，充滿活力，可說是渾然天成的最佳超級食物代言人。此外，她親自授訣「今日事，今日畢」的處事祕訣，難怪年紀輕輕的她僅花了四個月，便完成這本收錄一百道菜色且厚達兩百七十頁的食譜書，甚至親自操刀攝影與英文翻譯。到底她天生就是女超人，還是超級食物賦予她超人般的意志力呢?!

就在二〇一五年，瑞士麥當勞營業額創新低的同時，倡導有機健康和超級食物的餐廳，在城市裡如雨後春筍般地開張。(註七) 鄰近蘇黎世大學醫院的卡拉的廚房 (Klara's Kitchen) 提供有機素食菜單，我最喜歡他們用料實在與口感扎實的「奇亞籽香蕉蛋糕」，吃一小塊已有上吃到飽餐廳的飽足感。甚至連名震瑞士飲食界的米其林餐廳米森‧曼內森 (Maison Manesse) 也使用有機超級食物，變化出令人驚豔的新奇口味與瑰麗菜色。(註八)

瑞士境內也出產營養價值相當的超級食物，例如可取代枸杞的藍莓與黑醋栗，富含葉綠素的蕁麻和熊蔥可替代螺旋藻。(註九) 這幾年瑞士最炙手可熱的超級食物是，風潮吹自美國，富含多種維生素、礦物質與植物纖維，葉狀如羽毛，可耐寒至零下十五度的冬季蔬菜──羽衣甘藍 (Federkohl)。它嚐起來帶點兒芥菜味，可與蜂蜜或水果調理成蔬菜汁，或者同鹽巴與植物油混合烘烤成蔬菜脆片。(註十) 原本沒沒無名的羽衣甘藍，因超高詢問度，導致一葉難求，夯到全國超市措手不及的緊急鋪貨上架。根據 20 Minuten 問卷調查，超過半數的瑞士人已品嚐過羽衣甘藍。(註十一) 其蔬菜脆片是時下最風行的吃法，清爽美味，如洋芋片讓人忍不住一口接著一口。羽衣甘藍脆片做法如下：

材料： 250 公克 羽衣甘藍、3 食匙 橄欖油、一撮 海鹽。

方法：

1. 將烤箱轉至對流熱 120 度。洗淨羽衣甘藍，去粗柄，將葉子瀝乾或擦乾。

2. 將羽衣甘藍擺放於烤紙上。灑上油與鹽，並以手和均勻。置入烤
   箱約 20 至 30 分鐘。期間，最好能翻面，有效去掉水分。烘烤
   完畢，取出羽衣甘藍，冷卻後食用。（註十二）

   食尚風潮可謂一波未平一波又起。二〇一六年年底瑞士政府公
布昆蟲買賣的解禁，可以預見麵包蟲、飛蝗與蟋蟀等昆蟲將是下一
波飲食潮流。二〇一七年五月起，瑞士超市龍頭 COOP 將率先引進
蟲蟲漢堡與蟲蟲肉球。（註十三）我的胃已經準備好了！

註一　慢食展 (www.slowfoodmarket.ch)。

註二　Superfood 牛津字典 (https://en.oxforddictionaries.com)。

註三　Was sind Super Foods? (www.rawsuperfood.de) 什麼是超級食物？

註四　Sembrador GmbH 有 機 超 級 食 物 (https://sembrador.ch/antioxidantien/orac-wert-maqui/).

註五　Graf, Michèle, "Besuch bei Food-Bloggerin Nadia Damaso", Schweizer Illustrierte (26.11.2015). 訪問美食部落客納丁亞‧達瑪索。

註六　Damaso, Nadia, Eat Better Not Less, (Lenzburg: Fona Verlag AG 2015), pp. 24-32.

註七　 Ogul, Onur, "Mit Service am Tisch will McDonald's wieder wachsen", Blick (22.03.2016). 麥當勞圖以上桌服務力求振作。

註八　Klara' s Kitchen www.klaraskitchen.ch & Maison Manesse www.maisonmanesse.ch

註九　 Raval, Céline, "Mit Schweizer Superfood kannst Du es nicht besser, aber länger" , SRF 3 (05.08.2015). 瑞士超級食物不會更好，但更久。

註十　Sabrina, Schenardi, "Federkohl – wie super ist das Superfood? ", SRF (28.01.2016). 羽衣甘藍是有多棒的超級食物。

註十一　Blank, von Valeska, "Grünkohl – sehr gesund, aber kaum zu kaufen", 20min.ch (05.01.2015). 很健康但難買到的綠色捲心菜。

註十二　Federkohl-Chips, saisonküche (11.2016), p. 53. 羽衣甘藍蔬菜脆片。

註十三　Nyffenegger, Manuela, "Bald Insekten-Burger im Ladengestell", NZZ (16.12.2016). 蟲蟲漢堡快要上架了。

傳統食療。

對症下藥的草藥學。

　　秋季是瑞士感冒盛行的季節。當瑞士人出現打噴嚏、咳嗽與喉嚨痛等感冒徵狀，他們怎麼處理呢？根據瑞士保險公司comparis二〇一四年調查，僅3%的受訪者去醫院看病，有17%向藥局諮詢，多數高達77%使用家庭護理方式，這當中七成喝茶，17%服用鹽、草藥或精油，其他則飲用熱蜂蜜牛奶或補充睡眠。[註一]

　　在瑞士看醫生不似台灣便利，而且通常並非當天掛號便能當天看病。此外，小國的醫療費用昂貴。若有感冒不適症狀，民眾習慣向藥局 (Apotheken) 或藥妝店 (Drogerie) 藥師諮詢。常見的瑞士感冒成藥為含止痛與退燒成分——乙醯氨基酚 (Paracetamolum) 的感冒熱飲 (NeoCitran)。但成人服用乙醯氨基酚的劑量每日不得超過四公克，退燒不得連續服用三天，止痛則五天，否則損傷肝臟，甚至致命。雖然這種感冒熱飲嚐起來甜甜的，但我的經驗是不愉快的，因為味覺後感不甚舒服，身體響起了「注意！這是化學製品。」的警訊。(註二) 另外，以紅松果菊與接骨木為主要成分的草藥製劑——感冒熱飲糖漿 (A.Vogel Echinaforce Hot Drink) 也極為普遍。其滋味酸甜有如洛神花果，為溫和植物配方，鮮少引發菊科過敏反應、哮喘和心血管反應等副作用，基本上只要連續飲用不超過兩個月即可。(註三)

說到草藥 (又稱藥草)，瑞士人的日常生活處處是草藥的蹤跡。其實瑞士的傳統草藥學乃歐洲祖先不斷從「嘗試與失敗」所得的累積經驗，這與中國經典《史記·補三皇本紀》記載「神農始嘗百草，始有醫藥。」有異曲同工之妙。(註四) 約一萬年前歐洲冰河消

退，地表苔原擴散，水牛、獵食動物、毛犀和長毛象聚集草原上。石器時代的某些游牧部落來到森林獵捕鹿、紅鹿和野豬，久而久之便長駐下來。由於這些動物的肉骨相較水牛與長毛象減少許多，當男人出外打獵，女人便採集野莓、野菇與草藥充飢。幾千年以來，透過經驗學習她們得以辨別哪些植物可食，哪些能減輕疼痛並治癒疾病，再將藥草知識傳授給女兒、孫女、曾孫女，一代一代口傳下去。同時，為了方便藥草取得，人們便開始在居住環境種植花草。一四五〇年印刷術發明以後，便將口傳知識大量複製和流傳下來。(註五) 這段歐洲遠古歷史，跟《白虎通》所敘述的「古之人皆食禽獸肉。至於神農，人民眾多，禽獸不足，至是神農因天之時，分地之利，製耒耜，教民農耕」有類似的脈絡呢。(註六) 只是華人社會奉為神明的神農氏在瑞士被解讀成一般老祖宗而已。

　　過去三十幾年來，植物療法分成兩個方向發展：傳統與理性草藥醫學。前者乃基於祖先的經驗；後者則通過嚴謹的科學驗證，符合現代藥品法的規範。歐洲草藥學共有超過三千種藥用植物，其中五百種供今日製藥使用。(註七) 例如：葛縷子 (Kümmel) 促進消化。黑莓 (Brombeere) 葉茶止瀉。小檗 (Berberitze) 的皮與根可強化消化器官。款冬 (Huflattich) 能抗菌與抑制發炎，並幫助止咳，也是抗頭皮屑洗髮精配方。茴香茶 (Fencheltee) 專治消化不良，腸胃不適。纈草 (Baldriantee) 能改善睡眠品質。北艾茶 (Beifusstee) 促進膽汁生成並幫助油脂消化。琉璃苣 (Borretschtee) 改善聲音沙啞。月桂樹茶 (Lorbeertee) 刺激食慾並幫助消化。迷迭香茶 (Rosmarintee) 減緩頭痛與緊張，舒緩腸胃不適，強化免疫與循環系統。蓍茶 (Schafgarbentee) 減緩生理期不適。芸香 (Weinrautentee) 改善風濕痛。羅勒 (Basilikum) 促進食慾並淨化清新口氣。香菜 (Petersilie) 促進腎臟功能與消化。(註八) 日常生活裡最便利的草藥使用方式應屬飲茶了。一般瑞士超市不只銷售台灣常見的綠茶、紅茶或普洱茶 (烏龍茶僅在某些茶品專賣店販售)，其他品項更是多到目不暇給。打開瑞士家家戶戶的廚房櫃子或抽屜，便發現存放各式各樣的茶品，種類繁多有如小型雜貨店。對瑞士人而言，喝茶不光是心靈享受，也能隨時針對個人喜好與健康狀況來杯最對味的茶。若身體感到輕微不適，便會對症下藥選茶飲用，例如薑茶、百里香茶、茴香茶與富含維生素 C 的水果茶等，皆為常見的抗感冒茶品。混合應付相同症狀的茶品飲用，效果尤其更佳。某天我先生不知哪根筋不對勁，猛打噴嚏且眼睛充滿淚水，婆婆便緊急登門送上兩種有機品質的茶品：蕁麻 (Brennnessel) 與林登花 (Lindenblüten)，當天混合沖泡熱飲後，不適症狀便減輕了。

瑞士花草茶的種類眾多，每種具有獨特芳香與滋味，也擁有不同的健康功效。以下為來自瑞士防癌協會 (Krebsliga Schweiz) 的花草茶資料，供大家參考嘗試，說不定能找出最適合自己的養生茶。

1. 蕁麻 (Brennnessel)，眾多草藥中的萬事通，也是瑞士森林常見的植物。除了維生素，亦含有鐵、鎂、矽、鈣、磷等礦物質，以及快樂賀爾蒙：血清素 (Serotonin)。蕁麻的成分能清理內臟、排除毒素、抑制發炎 (改善風濕、痛風、關節炎)，並具有清血 (改善皮膚病) 作用。沖洗腎臟與膀胱並利尿，故能避免膀胱結石與腎結石，減緩前列腺問題。

2. 綠茶 (Grüntee)，綠茶的發酵程度比紅茶輕，故保留了較多的維生素 C。飲用綠茶能預防心血管疾病並避免膽固醇指數升高。因綠茶含氟，故能預防齲齒。值得注意的是，綠茶含有咖啡因，故不適合睡前飲用。

3. 接骨木 (Holunder)，接骨木茶取材於接骨木的花、嫩葉和成熟的果實，而花朵部分可促進排汗。因為接骨木茶幫助黏膜的形成，所以適合咳嗽與喉嚨痛時飲用，並能增強免疫力。

4. 聖約翰草 (Johanniskraut)，帶黃色花朵的聖約翰草具有抗焦慮性緊張、心情鬱悶與恐懼等天然療效。有此一說，夏季時聖約翰草儲存陽光，故能安慰冬季頹喪的心情。若欲藉聖約翰草提振悶悶不樂的心情，飲用時間必須至少長達兩至三週才有好轉的效果，但不能當作抗憂鬱症的優先治療方法。此外，飲用此茶能幫助傷口癒合，卻也增加皮膚對光的敏感度。

5. 洋甘菊花 (Kamillenblüten)，洋甘菊花含有抗菌精油與抗痙攣物質。其療效多元，可解緩腸胃不適、肌肉痙攣、腹脹、肝膽不適、腹部疼痛與感冒發燒。流鼻水時可吸入洋甘菊蒸氣治療。口腔或牙齦發炎時，亦可以洋甘菊花茶漱口。

6. 林登花 (Lindenblüten)，此花茶由夏季的林登花朵製成。林登花茶可緩和感冒喉嚨發癢，並減緩喉嚨痛，亦含有抗痙攣物質與抑制發炎的效果。它也用於減緩腸胃不適與心神不寧。由於舒緩解壓和促進睡眠的效果，林登花也被應用成泡澡萃取物。

7. 橙花 (Orangenblüten)，橙花來自乾燥、完整且未開苞的苦橙花朵。傳統上，橙花茶能舒緩心情與幫助入眠。苦橙皮含有精油與微苦的類黃酮，此苦味物質能促進食慾與消化。

8. 胡椒薄荷 (Pfefferminze)，世界上存在約二十幾種的薄荷，但並非所有薄荷皆能食用。其中胡椒薄荷 (Mentha Piperia) 是家用經典藥草，適用於改善腸胃不適、胃痙攣、腹脹、腹瀉、噁心，促進食慾與改善口氣。能產生如止痛、殺菌與促進消化等作用。

9. 鼠尾草 (Salbei)，鼠尾草原生於地中海地區，其精油能抑制發炎與止汗，常應用於治療咳嗽與喉嚨痛等感冒徵狀，亦可吸入鼠尾草蒸氣發揮療效。其茶製品能抗過度流汗與心靈壓力 (具有淨化的能量)。此外，濃烈的鼠尾草茶可作為治療口腔炎與咽喉黏膜炎的漱口水。

10. 紅茶 (Schwarztee)，紅茶是發酵茶。含咖啡因，具提神功效，能改善注意力，也是抗腹瀉的急救偏方。

11. 百里香 (Thymian)，傳統上針對感冒、消化問題、腹脹、肌肉關節痛等症狀使用。百里香茶含有百里香酚 (Thymol)，可以以吸入方式消毒和淨化肺部。其茶製品能舒張支氣管並促進解痰。

12. 山楂 (Weissdorn)，源自歐洲與北美的山楂，傳統上多用來舒緩心情，亦可針對心血管問題使用。山楂茶能改善心臟肌肉與心臟冠狀動脈的循環，或緊張所引發的心跳或暈眩等心臟不適（如果沒有改善需緊急就醫）。亦具有治療傳染病或改善腹瀉的療效。

13. 檸檬馬鞭草 (Zitronenverbene) 檸檬馬鞭草精油常做為芳香療癒用。其葉子能促進食慾與改善緊張性消化不適或便祕，亦能幫助舒緩緊張與入睡。檸檬馬鞭草常被誤認為馬鞭草 (Eisenkraut)，兩者外觀相像，但前者帶有檸檬味。此外，新鮮馬鞭檸檬草也是最佳的天然芳香劑。（註九）

朋友 S 的瑞士婆婆視洋甘菊花為萬靈丹。只要身體稍有微恙，便立飲洋甘菊花茶求自行療癒。有天，她患輕微耳炎，居然突發奇想把洋甘菊花屑塞進耳朵裡，結果導致發炎越發嚴重……。為了健康飲用溫和的熱茶，是值得一試的保養方式。千真萬確的是，千萬別亂塞異物入耳裡！

註一　Felix Schneuwly Krankenkassen-Experte, "Erkältet: Schweizer vertrauen auf Hausmittel", Medienmitteilung comparis.ch zur Selbstmedikation (21.10.2014). 感冒了：瑞士人相信家護偏方。其他方法依序尚有包裹頸部、洗熱水澡、漱口、包裹胸部、塗抹精油、沖洗鼻子、多吃水果補充維生素C、飲用洋蔥糖漿、飲用咖啡或熱酒。

註二　 Wüthrich, Stefan, "Paracetamol: Die Gefahr im Grippemittel ", SRF (15.02.2017). 乙氨基酚：感冒藥裡的危險成分。

註三　Echinaforce® Hot Drink, Heissgetränk (www.bioforce.ch). 草藥植物配方感冒熱飲。患漸進疾病如結核病、白血病、結締組織疾病、多發性硬化、AIDS 或 HIV 感染和免疫系統等病患則不建議服用。

註四　神農，維基百科。

註五　Bürki-Spycher, Hans-Martin, "Heilkundiges Hexenwerk", Schweizer Familie, 33/2016 (18.08.2016) 知識淵博的巫術。考古學證實古代聚落已有耕種的遺跡，例如地面遺留施肥用的灰、糞便和尿液。此外，從游牧改變成定居的生活型態後，先人可長時間觀察植物並發現更多的草藥特性。中古世紀初的每個村落住著一位識草藥的婦人。她們通常在村落邊緣，即森林外圍如樹籬笆邊採集草藥。籬笆邊的另一頭則是充滿野人、獵食動物和繪聲繪影的鬼怪故事。當時這些婦人被稱為「樹籬邊的女人」(Hagazussa)，後來轉變成「巫婆」(Hexe) 一詞。她們因熟稔草藥知識而享有盛譽，卻被有心人迫害，造謠她們跟魔鬼締約，因此慘遭殺害。好在，當追殺女巫熱開始時，一四五〇年發明的印刷術將口傳知識印刷保存下來。

註六　同註四。

註七　Theiss, Anita, "Mit Heilpflanzen gegen die Erkältung", SRF (06.01.2014).
　　　　以草藥治感冒。

註八　同註五。"Kräuter und ihre magische Wirkung", SRF (30.05.2014). 草藥的
　　　　神奇效果。

註九　"DIE WOHLTUENDE　WIRKUNG VON TEE" , Krebsliga Schweiz
　　　　Teebüchlein (2012), (http://www.srfcdn.ch/radio/modules/data/
　　　　attachments/2012/120621_krebsliga_schweiz_teebuechlein.pdf).
　　　　瑞士防癌協會茶手冊。

▌ 瑞士人也是吃苦顧膽肝。

俗話說：「肝若不好，生活是黑白的。肝若好，人生是彩色的。」直接點出肝功能的重要性。尤其，越來越多現代人患有脂肪肝，而且肝癌屢次登上新發癌症排行榜，因此更不容忽視保肝行動。

肝臟主宰代謝功能，進行轉換有毒物質與解毒的工作，分泌屬

<table>
<tr><th colspan="3">2013 年台灣癌症排行榜</th></tr>
<tr><th></th><th>男</th><th>女</th></tr>
<tr><td>1</td><td>大腸癌</td><td>乳癌</td></tr>
<tr><td>2</td><td>肝癌</td><td>大腸癌</td></tr>
<tr><td>3</td><td>肺癌</td><td>肺癌</td></tr>
<tr><td>4</td><td>口腔癌</td><td>肝癌</td></tr>
<tr><td>5</td><td>攝護腺癌</td><td>甲狀腺癌</td></tr>
<tr><td>6</td><td>食道癌</td><td>子宮體癌</td></tr>
<tr><td>7</td><td>胃癌</td><td>子宮頸癌</td></tr>
<tr><td>8</td><td>皮膚癌</td><td>皮膚癌</td></tr>
<tr><td>9</td><td>膀胱癌</td><td>卵巢癌</td></tr>
<tr><td>10</td><td>非何杰金氏淋巴瘤</td><td>胃癌</td></tr>
</table>

資料來源：衛福部國民健康署 (www.hpa.gov.tw)

<table>
<tr><th colspan="3">2008-2012 瑞士癌症排行榜</th></tr>
<tr><th></th><th>男</th><th>女</th></tr>
<tr><td>1</td><td>攝護腺癌</td><td>乳癌</td></tr>
<tr><td>2</td><td>肺癌</td><td>大腸癌</td></tr>
<tr><td>3</td><td>大腸癌</td><td>肺癌</td></tr>
<tr><td>4</td><td>皮膚癌</td><td>皮膚癌</td></tr>
<tr><td>5</td><td>膀胱癌</td><td>子宮體癌</td></tr>
<tr><td>6</td><td>非何杰金氏淋巴瘤</td><td>非何杰金氏淋巴瘤</td></tr>
<tr><td>7</td><td>口腔癌</td><td>胰腺癌</td></tr>
<tr><td>8</td><td>胰腺癌</td><td>卵巢癌</td></tr>
<tr><td>9</td><td>腎臟癌</td><td>甲狀腺癌</td></tr>
<tr><td>10</td><td>肝癌</td><td>血癌</td></tr>
</table>

資料來源：國家癌症流行病學與登記協會 (www.nicer.org)

消化系統一環的膽汁，並將之儲存於膽囊中。保持血液組成的平衡並支持免疫系統。由於膽肝相照，兩者功能息息相關，以預防疾病角度來看，肝膽病症需要同時預防。我們都知道，從日常的生活習慣著手，例如勿飲酒過量、飲食少油膩、避免消夜、勿服藥過量、

斷絕與毒物的接觸等等，皆為肝膽保養的基礎常識。如果想要進行進一步的體內保養或者有此必要，民間常耳聞「吃苦顧肝」的理論，比方說，具苦澀滋味的苦瓜、黃連與苦茶油皆具解毒的功能。（註一）

其實，瑞士也存在「吃苦保肝」的說法。民間醫學認為苦味植物能幫助消化並保養肝臟。套句德文俗語：「苦口的食物對胃好。（Bitter dem Mund, dem Magen gesund.）」事實上，科學也證實苦味物質對上消化道與肝臟能產生積極正面的影響。（註二）瑞士藥劑師阿德利‧安羅施 (Adrian Roth) 也表示：「苦味物質能促進肝功能。（Bitterstoff regen die Leber an.）」瑞士常見的苦味蔬果如菊苣

（Chicorée，苦味物質集中於根部）、芝麻菜 (Rucola，早些年瑞士人少食)、朝鮮薊 (Artischocke)、球芽甘藍 (Rosenkohl)、綠花椰菜 (Broccoli)、蒲公英 (Löwenzahn)、羽衣甘藍（也是當紅超級食物）、大白菜（瑞士人習慣當生菜沙拉食用）與葡萄柚皆具此項特色。其苦味物質能刺激消化，有助於消除腹脹，促進肝臟功能。另外，也發展出以蒲公英、菁草、苦艾等製造的無酒精保健藥酒或無糖茶飲。假如本身的肝功能較弱，在尚未演變成疾病以前，可適度地服用草藥配方強健肝臟。(註三)

在瑞士，常被製成膠囊、藥錠或汁液服用的藥用保肝膽植物有以下：

朝鮮薊 (Artischocke) 其苦味物質洋薊酸 (Cynarin) 能促進物質在肝膽中的轉換。

早在古埃及與古希臘時代朝鮮薊已被應用於自然療法。從前古羅馬人狂歡作樂時，便使用朝鮮薊輔助消化。好幾個世紀以來，朝鮮薊即用來促進食慾與消化，降低膽固醇，預防動脈硬化，並減輕肝臟病症。(註四)

水飛薊 (Mariendistel) 含有苦味物質。其種子和果實皆富含具抗氧化、抗纖維化並阻遏毒素的水飛薊素 (Silibinin)。臨床實驗中證明，水飛薊能有效治療因酒精、肝炎或其他疾病受損的肝臟。(註五)

波耳多葉 (Boldo) 嚐起來微苦，略帶類似樟腦的香氣，乃源自

南美洲的民俗草藥，多用來舒緩腸胃不適。波耳多葉具解痙攣的效用，並能刺激肝細胞的膽汁分泌。(註六)

蓍草 (Schafgarbe) 味苦。具有解痙攣、抗菌、利膽、促進消化與抑制發炎的功效。(註七)

中亞苦蒿或苦艾 (Wermutkraut) 具苦味物質。能促進食慾，減輕如胃炎與腹脹等消化道不適，並可刺激肝功能，以解決腸道與膽管部分的痙攣困擾。(註八)

龍膽 (Enzian) 帶苦澀味，其根部可謂歐洲世界公認的最苦物質。中古世紀人便取龍膽根部製成能增進食慾的藥酒。此外，其苦味物質亦能促進唾液、胃液和膽汁的生成。(註九) 與龍膽同物種的失車菊 (Tausendgüldenkraut) 則具有消炎、淨化血液和舒緩效果。

球果紫菫 (Erdrauch) 味道極苦。具有生物鹼和類黃酮、富馬酸與膽鹼。中世紀時作為抗皮膚病或治療便祕用。球果紫菫可幫助調解膽囊功能，例如減輕肝臟生成過多的膽汁或提高膽管功能，並促進膽汁流入腸道。(註十)

蒲公英 (Löwenzahn) 含有苦味物質、類黃酮、菊粉和鉀。其葉片與根部是經典的顧肝苦味補藥，能促進消化和膽汁形成，刺激新陳代謝和利尿。(註十一)

以上藥用植物不僅可單獨使用，亦可混合製成保肝製劑。在瑞士常見的肝膽保養方式尚有：

● 睡眠前飲用無糖的蒲公英茶、蓍草茶、葎草茶或苦艾茶等保肝茶品。

● 服用苦胃滴藥 (Magentropfen)：

　　滴藥的苦味物質能促進膽汁流動，避免脹氣並幫助消化。A. Vogel 出品一款主要成分為朝鮮薊與蒲公英根，並添加少量波耳多葉和胡椒薄荷的植物藥品：波耳多滴劑 (Boldocynara Tropfen)。而薇莉達滴劑 (Weleda Amara-Tropfen) 則以菊苣、蓍草、蒲公英、龍膽根、鼠尾草、苦艾、矢車菊等多種苦味材料製成。治療如燒心、脹氣和腹脹等消化問題，能刺激膽汁流動，促進脂肪消化，改善食慾不振和噁心。(註十二)

每款滴劑的藥性與服用方式不同，應向藥劑師確認。

● 以順勢療法的舒斯勒礦鹽錠 (Schüssler Salze) 作保肝療程。多數
瑞士藥房與美妝店提供全系列的，以礦物鹽製成的舒斯勒鹽錠，
可向專業人員諮詢取得保肝配方。通常先將十顆舒斯勒鹽錠溶解
於一公升的開水，並於一天內飲用完畢。舒斯勒鹽錠並沒有藥理
作用，其療效並無有力的科學驗證。（註十三）

　　值得注意的是，苦味物質除了保養肝膽，亦能協助減肥與美容，
台灣便流行吃黃蓮治青春痘。瑞士食品與生技專家湯瑪斯・坎佩提
希 (Thomas Kamptisch) 認為，現代人常因食用過量的甜食、麵製
品和肉類導致肝膽系統負荷過重，若無苦味物質的輔助，我們可能
只會爆炸性地變胖且身形越發鬆垮。「攝取苦味物質有如為高性能
馬達注射燃料，幫助身體更快並更有效地燃脂。」此外，苦味物質
堪稱人類最古老的抗老祕方之一，中古世紀即被用來抗皺紋與消肥
肚，好幾個世紀以來也是阿爾卑斯山地區受歡迎的消化輔助物。既
然苦物良處多多，你吃得了苦嗎？根據 20Minuten 二○一七年調
查，近半數的瑞士受訪者喜歡苦味，38% 可接受一點，4% 僅能接
受咖啡或啤酒，但仍有少數 8% 完全不喜歡苦味。如果排斥食用苦
味蔬果，可嘗試飲用添加檸檬的綠茶或者食用至少含有 70% 以上可
可豆成分的巧克力，亦可混合苦味較低的美生菜於菊苣、芝麻菜與
大白菜等苦味沙拉或者略加炒煮食用。（註十四）其實，吃苦也可以吃
得津津有味！

雖然良藥苦口，但通常沒人心甘情願服用化學藥物。為了避免走到這一步，我們應當力行積極的肝臟保養。日常生活習慣方面，除了食用植物油等健康油脂，保持早睡習慣與睡眠充足，多多攝取蔬果，偶爾可依醫師指示進行排毒或斷食療程。若有服用藥品的需要，為了防止傷肝，建議盡量服用植物配方，避免化學製劑。身體若有任何不適與疑問，務必向醫生諮詢。

　　現在，你那邊幾點？夜深了或累了，請快快把書闔上，早早上床睡覺歇息吧！

註一　滇南草本第二卷記載苦瓜：味苦，性寒。入心、脾、肺三經。除邪熱，解勞乏，清心明目。黃連，維基百科。俗語云「啞巴吃黃連，有苦說不出」，即道出其中滋味。苦茶，百度百科。清熱解毒，活血散瘀，止痛。

註二　Dal Cero, Maja, "Schweizer Hausmittel für die Leber" (Abschlussarbeit des Zertifikatstudiengangs Ethnobotanik und Ethnomedizin, Universtität Zürich 2008, Dr. Caroline Weckerle) 瑞士家護保肝。

註三　Mühlemann, Heidi, "Unterstützung für Leber und Galle", DROPA BALANCE 10/16, pp. 7-9. 支持肝膽。

註四　Artischocke, wikipedia 朝鮮薊。"Darum lohnt es sich, Artischocken zu essen", Blick (27.06.2016). 朝鮮薊值得食用。

註五　Chase, Brad, "Vier bittere Heilkräuter zur Behandlung von Leber und Gallenblase sowie gegen andere Beschwerden", KOPP online (13.10.2012). 四種治療肝膽與其他不適症的苦藥草。

註六　Boldo, wikipedia 波耳多葉。

註七　Schafgabe (www.pharmawiki.ch/) 蓍草。

註八　Wermutkraut, wikipiedia 苦艾。

註九　同註五。Enziane, wikipedia 龍膽。

註十　Erdrauch, wikipedia. Erdrauch (heilkraeuter.de) 球果紫菫。

註十一　同註二。

註十一　A.Vogel Boldocynara Tropfen (www.bioforce.ch) & Weleda Amara-Tropfen (www.weleda.ch)

註十三　順勢療法屬替代醫學。本書心靈健康部分介紹順勢療法。

註十四　Ehrensperger, Sulamith, "Essen Sie sich jung und schlank mit Bitterstoffen", 20min.ch (06.02.2017). 吃苦，吃得健康又苗條。Jürgen Rösemeier-Buhmann, "Warum diese 9 bitteren Lebensmittel richtig gesund sind" (www.nachhaltigleben.ch). 為何這九種苦味食物很健康。

▎謝辭。

　　首先我要感謝全力支持我寫作的先生 Markus。因為我的寫書工作，不得不犧牲許多兩人的共同時間，但是他毫無怨言，一路相挺。再來是最親愛的雙胞胎姊姊瑰娜、爸爸、媽媽和小妹雅雯，以及婆婆 Elisabeth 和先生的外婆 Mathilde。

　　特別感謝木馬出版社的副總編輯欣蓉以及我的前主管彭彥祺賞識我的想法和文筆，燃起我年少時的夢想，鼓勵我重拾筆桿寫作。

　　另外，謝謝所有的推薦人以及提供我意見或圖片的孟芷、依平、念婕、郁嫻、琦蕙、筑萱、麗均、麗娟和瓊琳（順序依照字母和筆劃），還有住蘇黎世和琉森等地區的好姊妹們，尤其我的好鄰居 Kris。

　　感恩所有給我溫暖的人以及喜歡這本書的你！

瑞士慢養生活

作　　者　緹琪(陳雅婷)

主　　編　李欣蓉

校　　對　魏秋綢

行銷企劃　童敏瑋

內頁設計　黃讌茹 a7651595@gmail.com

社　　長　郭重興

發行人兼出版總監　曾大福

出　　版　木馬文化事業股份有限公司

發　　行　遠足文化事業股份有限公司

地　　址　231 新北市新店區民權路 108-3 號 8 樓

電　　話　02-22181417

傳　　真　02-8667-1891

Email　　service@bookrep.com.tw

郵撥帳號　19588272 木馬文化事業股份有限公司

客服專線　0800221029

法律顧問　華洋國際專利商標事務所　蘇文生律師

印　　刷　呈靖印刷股份有限公司

初版一刷　2017 年 10 月

定　　價　340 元

瑞士慢養生活 / 緹琪著 . -- 初版 . -- 新北市：
木馬文化出版：遠足文化發行, 2017.10
　面；　公分
ISBN 978-986-359-442-0(平裝)

1. 風俗 2. 生活方式 3. 養生 4. 瑞士

538.8448　　　　　　106015651